当代艺术高校体育发展研究

秦光宇◎著

中国纺织出版社有限公司

内 容 提 要

　　为进一步加强当代艺术院校大学体育课程建设，为艺术院校大学生体育学习和运动锻炼提供指导，本书以开展素质教育、培养当代艺术院校大学生的体育意识和体育能力为主线，突出了当代大学体育发展知识介绍和运动指导的统一。

　　本书不仅阐释当代体育发展史、体育基本原理，介绍当代体育运动和运动保健的知识及方法，更注重给当代学生提供科学的运动指导，突出了知识性、趣味性、应用性，贴近大学生的学习和生活，便于当代大学生课外阅读和参考。

图书在版编目（CIP）数据

当代艺术高校体育发展研究／秦光宇著 . -- 北京：中国纺织出版社有限公司，2020.12

　　ISBN 978-7-5180-8053-3

　　Ⅰ.①当… Ⅱ.①秦… Ⅲ.①体育教学－教学研究－高等学校 Ⅳ.① G807.4

中国版本图书馆 CIP 数据核字（2020）第 205353 号

策划编辑：华长印　　责任编辑：华长印　石鑫鑫
责任校对：寇晨晨　　责任印制：何　建

中国纺织出版社有限公司出版发行
地址：北京市朝阳区百子湾东里 A407 号楼　邮政编码：100124
销售电话：010—67004422　传真：010—87155801
http://www.c-textilep.com
中国纺织出版社天猫旗舰店
官方微博 http://weibo.com/2119887771
北京华联印刷有限公司印刷　各地新华书店经销
2020 年 12 月第 1 版第 1 次印刷
开本：710×1000　1/16　印张：14.5
字数：250 千字　定价：98.00 元

在 21 世纪的今天，大学体育教育是高等学校文化教育的重要组成部分。因此，撰写一本可持续发展的、符合当前高等艺术院校教育改革形势需要以及大学生身心健康发展的体育著作，是高等艺术院校体育深化改革和校园体育文化建设的一项重要任务。

为进一步加强体育课程理论建设，为高等艺术院校大学生体育学习和运动锻炼提供指导，在总结以往撰写经验的基础上，与时俱进地撰写了《当代艺术高校体育发展研究》。在整个撰写过程中，以《学校体育工作条例》《全国普通高校体育课程教学指导纲要》《国家学生体质健康标准》为依据，着力突出高等艺术院校大学生的主体地位和健康，以开展素质教育、培养当代艺术类大学生的体育意识和体育能力为主线，围绕体育和健康这个核心，融合了相关学科的理论知识，突出了知识介绍和运动指导的统一。本书以教育性、知识性、健康性、兴趣性、发展性为撰写的基本原则，吸取了近年来体育学科相关研究成果，介绍体育的基础理论、体育的基础实践。注重培养大学生对健身、健康性锻炼和专项、竞技性训练的实际需要，著作涵盖普通高等学校体育课及课外延伸的所需内容，同时满足学生"三自主"选课和有运动特长的学生以及部分身体异常学生的需要。

本书不仅阐释体育基本原理，介绍当代体育运动和运动保健的知识和方法，更注重给当代大学生提供科学的运动指导，有助于高等艺术院校大学生根据自己的情况从中找到适合自己的运动锻炼方法，便于当代大学生课外阅读和参考。同时有机地将理论知识与实践技术相结合，将高等艺术院校大学体育教育和社会体育中重点和流行的项目融入本书，重点介绍了具体的锻炼方法和欣赏方法，以提高大学生的实际锻炼技能和体育欣赏水平。

本书在撰写过程中得到了众多院校的支持，并得到了同行专家、教授的悉心指导，在此衷心感谢佳木斯大学体育学院汪作朋老师、大连市体育事业发展中心贺业恒老师、鲁迅美术学院左琦老师、辽宁教育研究院王洋老师、辽宁石油化工大学李研老师、沈阳市教育研究院杨丹老师、沈阳大学关新枝老师、辽宁警察学院王晓韬老师、沈阳广全学校谢宝锋老师，鲁迅美术学院附属中等美术学校董老师、刘力娜老师、肖冬老师。在本书出版之际，对所有关心和帮助过我的专家、学者一并表示感谢。由于时间仓促和编者水平有限，书中不当之处在所难免，敬请诸位同仁提出宝贵意见，以便再版时进一步修改完善。

著　者

2020 年 8 月

CONTENTS   目 录

第一章

当代体育发展概述

第一节 体育的"起源与发展"

一、体育的概念

"体育"一词最初是由国外传入国内的，是一个流传范围广泛、国际通用的词语。这个词最早出现的时间大概是19世纪，而我国是在19世纪末20世纪初通过日本引进的这个词，日本则是从西方引进的。

在我国古代时期，并无"体育"这一词，而是用"导引""武术""养生"等词语来描述。1894年前后，随着德国、瑞典体操的传入，我国便使用"体操"来作为体育的总概念。1903年，在清朝政府批准执行的学堂章程中就明文规定了各级各类的学校要开设体操科（即体育课）。从1906年开始并用"体操"和"体育"这两个词，直至1923年，由北洋政府新学制课程标准起草委员会所公布的《中小学课程纲要草案》里，才正式地将"体操"一词更改为"体育"，将"体操课"更改为"体育课"。

我国对"体育"一词的含义认识有一个过程，对其的解释也不尽相同。新中国成立后，我国经过多次学术研论后，最终对体育有了比较统一的解释。《中国百科全书》中对"体育"的概念作出了解释：体育的广义概念，亦称为体育运动，是人们根据社会生产和生活的需要，遵循人体生长发育和机能的活动规律，以运动动作作为基本手段，为达到增强人民体质、提高人民运动技术水平、丰富人民文化生活而进行的一种有意识并且有组织的身体运动和社会活动。体育属于社会文化教育范畴，并且受到一定社会、政治、经济的影响和制约，也为一定社会的政治与经济服务。

从体育（广义）的内涵上来看，体育包含两个基本部分和两种属性：其一是作为体育方式方法和手段的人体运动部分，是具有继承、交流、借鉴和吸取的自然属性；其二是运用这种手法和形式，来实现社会所规定的体育的目标、法令和轨制部分，具有历史性和能动性，即为社会属性。体育的本质就是这两种属性所结合的产物。体育既作用于人体，使人体身心健康；又作用于社会，促使社会的物质文明建设与精神文明建设的共同发展。这是广义体育的自然属性和社会属性两者辩证统一及相互补充的紧张属性。

从体育（广义）的外延方面来看，体育的范围包含三个部分，即学校体育、群众体育和竞技体育。

学校体育，也称作"体育"，又被定义为体育教育。它是我国当代各类体育的基本，也是当代学校教育的重要组成部分，是便于全面发展我国全民运动，增强国民体质，传授体育知识、技术和运动技能，提升全国人民综合运动技术水平，培养良好意志品性的一种有目的、有规划、有组织的科学教育过程。"体育"与德育、智育、美育、劳动技能教育等进行全面配合，培养出全面发展的人，为我国培养新一代接班人奠定良好的基础，为人们终身体育锻炼培养兴趣。

群众体育，又称为体育锻炼，是指以健身、健美、医疗、娱乐为目的，内容丰富并形式多样，一种因人而异的群众性的健身活动。这种活动一般都是自愿参加的，其组织形式不仅有集体的也有个人的，并且特别崇尚自我教育、精神和情绪的放松以及锻炼的效果。因此，体育锻炼不但可以称为是当代人的生活必需品，也是提高人们生活质量必不可少的一项内容。

竞技体育，又称竞技运动，是为了最大限度地发挥和提升个人和集体在体魄、身体能力等方面的潜力，以取得优异成绩为目的而进行的科学并且系统的训练和竞赛。这种竞赛具有强烈的对抗性、竞争性和高度的技艺性，必须按照一定的规则才可进行，竞赛成绩应被社会所认同。竞技运动不但是整个体育中最活跃、最积极的因素，也是促进各类体育发展的不可或缺的重要条件。

以上三方虽然因其各自不同的内容和特点而相互区别，但又互相紧密联系、互相渗透。它们的共同点有：都是通过身体练习来全面发展个人运动能力、增强自身体质；都具有教育教学的因素；都有学习知识、提高个人技术的过程；都具有竞赛的因素等。这三个方面构成了体育的整体。

二、体育的起源

体育是一种人类社会特有的文化现象，与人类社会的产生和发展相互适应。关于体育的起源问题，传统观点认为，"劳动是体育产生的唯一泉源"。随着体育科学研究的深入和各门学科之间的相互渗透和借鉴，体育学术界的视野和思路也变得更加的开阔，人们针对"劳动产生体育"这一理论提出了补充论述。有些人认为，"体育的产生不是单源的而是多源的"，生产和劳动虽然是产生体育的"主要源泉"，但不是"唯一源泉"；也有些人认为，"体育产生于人类社会生活的两种需要，一是社会生产活动所产生的需要，二是人类生理心理活动所产生的需要"。原始人的身体活动大概可以分为三种活动：一是和生产直接相关的活动，如捕鱼、狩猎、耕种等；二是在原始武力活动中所必备的技能，如走、跑、跳、攀、爬等；三是既不和生产、攻防直接有关，又非生活必需的技能，而仅仅是为了满足人的某种需求，如游戏、杂技、舞蹈、娱乐等活动。原始人类不仅需要劳动，还需要生活。他们既有喜怒哀乐的情感，也有交往的需求，因此他们习惯群居生活。仅就体育所产生的动因而言，除了劳动的需要，还有适应环境的需求、对付同类袭扰的防卫需要、同疾病斗争的生存需要、表达和抒发自身内心各种感情的需要。这些不同的点集合起来，具备一个健康的身体是十分重要的，从而要进行强健自身体魄的活动。

1. 原始体育在生活和劳动过程中萌生

人类的祖先——攀树的古猿，由于生活环境的更改外加受到生活方式的影响，使其完成了从猿演变到人且具有决定意义的转变——直立行走。原始人的生活条件十分严酷，他们只能靠采集、狩猎、捕鱼等方式去搜集各种食物来维持生存。而且原始人的思维还不够发达，所以他们的生产工具也十分简陋，只有一些十分简单的石器。他们的劳动主要是依靠身体的活动，他们靠快跑或长途跋涉去追捕野牛、野鹿等动物，靠刺杀去对付虎、豹、熊等凶猛野兽，靠攀登或爬越去采集野果，靠游泳或投掷矛器去捕鱼。他们当时的跑、跳跃、投掷、攀登、爬越这些活动，其根本目的仅仅是为了生存，而不是有意识地去锻炼身体和增强自己的体质。因此，严格地来说，他们的这些行为只能称为生活和劳动。然而这些却是我们当代体育活动的雏形，当代体育运动正是从这些原始的活动中蜕变出来的。

2. 体育是原始社会教育活动的主要内容和手段

原始人通过长期的生产和生活实践，对自然和社会的认识也在不断的深化，所以他们的生产工具在不断改进，生产力也在不断提高，劳动工具也日趋多样化、复杂化。这一方面对人类提出了更高的社会要求，人类想要学会使用和制造有效的劳动工具就必须要通过学习和培训，并提高自身劳动技能；另一方面，由于劳动产品有了一些剩余，就可以由专人对年轻的一代施行教育、传授劳动技能和知识以及进行身体培训。与此同时，人的大脑思维也有了些发展，这就从主观、客观的角度上为教育的产生提供了更大的可能性。原始社会的教育主要是教授一些生产技能，而原始的生产技能又大多是极为笨重的体力劳动，因此，在原始的教育中，对身体的培训占有相当大的比重。体育是原始社会教育活动的重要内容。

3．原始体育的产生与军事、医疗卫生、宗教祭祀和娱乐活动之间的关系

（1）原始体育与军事。

在原始社会末期，开始出现了由血亲复仇发展到掠夺财产和奴隶的战争，战争推动了武器的演进，增强了人们为了掌握这些武器和提高战斗技能而进行军事训练和身体训练的积极性。像我国的武术就是在军事技能——"武艺"的基础上演化而来的。

（2）原始体育与医疗卫生。

原始人的生活条件非常严酷，由于自然灾害及同类互相间的袭扰，人们的健康和生命都极度缺少保障，所以他们普遍寿命都很短。考古材料表明，骨的损伤显示了原始人饮食不足，患有结核病及关节炎等问题，而骨折不能完全复原以及头盖骨破裂、抛物刺入胸腔及骨盆之间的骨骼内往往是导致死亡的原因。由于饮食习惯上的茹毛饮血，卫生状态不佳，又多患有如胃溃疡等消化病，因而间接刺激了原始医疗保健活动的产生和发展。如康阴氏的"消肿舞"，就是为了治疗环境、气候等因素所造成的身体疾病而进行的身体活动。这既是医疗手段，又是健身活动，从目的上看，比那些为了生存、防卫、教育而进行的身体活动更接近于体育，以后又逐渐发展成各种成套的保健体操，健身的目的更加明确，体育的内涵也进一步增加了。

（3）原始体育与娱乐、宗教祭祀活动互相交融。

舞蹈是原始娱乐的主要形式。而舞蹈与体育也有很多共同的特点，并且都有健身的作用，某些非表演性的健身性的舞蹈本身就是体育的内容。原始人为了表达他们狩猎成功的喜悦、对自然的崇拜和对祖先的祭祀，抒发内心的情感，往往

在酋长的率领下进行集体舞蹈。这种舞蹈既是身体训练又是娱乐活动。在原始社会末期，已经有了专门的球类游戏，而且也出现了观赏优秀球员之间竞赛的娱乐活动。随着宗教活动的产生，人们逐渐用舞蹈、竞技和角力来进行祈祷，娱乐神灵或祈求庇护。为了表示尊敬，人们进行步行巡礼（赶庙会）、步行化缘等活动，尤其是包含着许多体育因素的古代奥林匹克运动会，就是由这样的祭祀活动中的竞技活动演变成定期举行的节日竞技运动会。

综上所述，体育是因人类生产和生活、个体和社会、生理和心理等方面的需求而产生的一种社会活动，它主要产生于人们的劳动过程之中。原始社会的体育与教育、军事、医疗卫生、娱乐以及宗教祭祀等活动之间互相联系、互相促进、互相推动，有的甚至交融在同一个过程中。因此，它们共同发展，宛如同胞兄弟，在原始人类社会的母体中，共同孕育萌生。

三、体育的发展

1. 国内体育的发展

伴随几千年古老文明的发展，我国的体育在不断演变。在夏、商、周、春秋时代，奴隶主阶级的统治需要和当时频繁不断的战争，刺激了军事武艺的发展和对军队士兵们身体训练的重视。一些与军事相关的体育项目，如射、御、角力、拳搏、奔跑、跳跃、剑术及其他武艺都在当时十分盛行。随着社会经济和文化的发展，特别是文字出现时，产生了学校体育，体育的相关内容也有了文字记载。周代学校的教育是实行文武结合，其教育的主要内容是礼、乐、射、御、书、数，其中的射、御和乐中的"舞"都包括了体育的一些因素。同时，奴隶主阶级为了满足自我享乐的需求，发展了一些具有娱乐性的体育活动，如泛舟、划船、打猎、赛马等。春秋时期是一个动荡不安的时期。在这个时期，出现了许多思想家、政治家和军事家，他们的哲学思想、军事思想、教育理论、体育实践等理论对这一时期的体育活动具有很大的推动作用。如孙武的《孙子兵法》这本不朽的军事经典，就包含了不少有关身体训练的体育内容。又如孔子除了在他兴办的私学中进行"六艺"教育外，还主张学生去郊游和游泳。他本人也爱好射箭、打猎、钓鱼、登山等活动，同时也注意卫生保健，因而他身体强健。但由于孔子哲学思想上的"天命论"和过分强调"仁""礼"，导致他的一些体育思想未能得到更多的实践，所以没有发挥出应有的作用。战国时期正是奴隶制崩溃、封建制确立的时期，新兴地主阶级正处于上升阶段，对社会的发展有着推动的作用。各国在"变法"中都十分崇武，提倡结合军事训练而开展体育活动。诸子百家也多提倡讲武，如墨子主张把射、御定作为判定贤士的标准，依此予以赏罚。由于社会政治、经济的迅速发展与城市的繁荣，医学、养生学和民间的体育活动也得到了相对应的发展，民间的体育娱乐活动变得非常活跃。

在汉代，由于政策宽松，人民得以休养生息，所以出现了政治稳定、经济文化繁荣的"文景之治"。为了抵御外来侵扰，需要加强军备，促使人民强身祛病，最终使汉代体育在先秦体育的基础上获得了很大一步的发展。以训练士兵为主的军事体育，如骑射、刀术等武艺都取得了很大的发展。在"养生观"上出现了唯物主义的"寿命论""无神论"以及唯心主义的"天命论"，还出现了以健身为主要目的的医疗体育，如导引养生功、五禽戏等。其中名医华佗所创作的五禽戏特别出众，以唯物主义哲学思想为指导，根据人体结构和血脉流通的传统中医生理机制，通过模仿虎、鹿、熊、猿、鸟这五种动物的动作，达到活动身躯、促进体内血气运行的目的，颇有强身祛病的价值，成为我国古代医学和体育学的十分宝贵的遗产。

汉代在拥有雄厚的物质基础下，宫廷和民间的娱乐性体育活动丰富多彩，名目繁多。角抵戏等项目开始流行于世，其中与体育有关的项目有角抵（包括角力、摔跤等）、杂技（其中包括倒立、爬绳、爬竿、柔术等动作）、舞蹈（剑戟舞、蹴鞠舞等）以及秋千、舞龙、耍狮、高跷等体育活动。有的活动后来发展成竞技运动项目，有的则至今仍是人们喜闻乐见的传统娱乐休闲活动。在两晋时期和南北朝时期，呈现混乱、分裂的局面。体育方面，汉代那些能促使人们强身祛病并且活动量大的项目如角抵、蹴鞠等活动皆被废弃，而那些可供统治者享乐的歌舞、百戏等项目反而得到大量提倡，这致使体育走上歧途，但在客观上也相应地促进了娱乐性体育和养生术的发展。

在我国封建社会的隋、唐、五代时期，特别是在唐朝，由于国家统一、加强了中央集权制，社会安定、经济发达，繁荣昌盛、和平统一的局面足足保持了100多年。在这种良好的社会条件下，体育的发展出现了空前的繁荣景象。

　　首先是当时的封建统治阶级兼重文治武功。在军事上实行府兵制，其中规定"凡民二十为兵，六十而免"，并且通过练兵讲武活动，使大多数男性农民都受到了严格的军事训练。而在考试制度上，武则天创立了武举制度，提倡考武状元。这一制度的实行，大大推进了民间的练武之风，对体育的发展也起到了一定的促进作用。隋唐体育活动的特点是：范围广泛、规模大、上起宫廷贵族及文官武将，下至平民百姓。如隋炀帝召集全国体育、杂技、乐舞能手综合表演的"角抵大戏"，简直不亚于一次全国性的运动会。由于隋、唐生产技术的提高，带动了体育场地和器材的改进。如唐代出现了充气的足球和球门、用油料来浇筑球场。体育运动项目繁多，仅球类运动就有马球、蹴鞠、步打球、十五柱球、踏球、抛球等。同时，由于医学和各种养生术的发展，使导引、养生都取得了新的进展。特别是在我国古代伟大的医学家孙思邈的著作中关于养生、导引、按摩的理论，对当时和后世都有着不可忽视的贡献。在军事武艺方面有骑射、剑术、角抵、硬气功等，不论是教学方式还是技艺水平，都较汉代有了发展与提升。另外，在当时一些民间的体育活动也十分盛行，如拔河、荡秋千、竞渡、滑雪、滑冰、登高、射鸭（一种嬉水活动）、棋类等。

　　到了封建社会的宋、元、明、清时期，体育随着社会的变革而发展变化。北宋时期由于沿袭了武举制，又加上王安石变法，提倡富国强兵，从而对体育的发展起了刺激作用；毕升发明的活字印刷术，促进了体育图书资料的出版，对体育理论的研究和著述也具有一定的推动作用。明代的开国皇帝朱元璋设武举，立武学，仿古代富兵于农，实行卫所制度，"农时则耕，闲时练习"，因此粮多兵强，武艺高超。清初时期为抵御沙俄侵略，实行了"讲武绥远、御敌防疆"的政策。康乾盛世时的考试制度也是沿袭了武举制，甚至规定文科考试须先考骑术，不合格者就不准参加笔试；练兵制度也相对完整。因此，在当时不仅军队精良，民间也涌现出许多武艺高强的名人壮士。在明清之际，中国武术的发展又出现了一个新的高潮。但在乾隆之后，政治腐败，民不聊生，尤其是在鸦片战争后，由于鸦片的大量输入，毒害了广大中华人民的身体，加之清朝中央政府为了维护其统治而"禁民习武"，致使民族体质日益衰败，体育也由此一蹶不振。

　　1949年中华人民共和国的成立，为体育运动的发展开辟了广阔的未来，体育的地位也得到了极大的提高。

1949年9月，在中华人民共和国成立前夕通过的《中国人民政治协商会议共同纲领》中明文规定："提倡国民体育"。随后10月在北京召开了全国体育工作者代表大会，并及时地将原"中华全国体育协进会"改组为"中华全国体育总会"。当时朱德同志亲临大会并作了重要讲话。在1950年，毛泽东主席亲自为中华人民共和国的第一本体育杂志《新体育》题了刊头。1952年，为庆贺中华全国体育总会第二次会议的召开，毛泽东主席为大会题词"发展体育运动，增强人民体质"，同时朱德同志也为大会题词"普及人民体育运动，为生产和国防服务"。《中华人民共和国宪法》（1954）也列举出了相应的规定，如第二十一条明文规定："国家发展体育事业，开展群众性的体育活动，增强人民体质。"第四十六条规定："国家培养青年、少年、儿童在品德、智力、体质等方面全面发展。"

1952年11月，中华人民共和国体育运动委员会成立了，之后各省、市、自治区乃及地县的体育运动委员会也陆续健全。近年来，又相继成立了中国体育科学学会、地方体育科学学会及各单科学会，由此使政府机构、社会组织和群众团体相互配合，从而形成了一个领导、管理和组织我国体育运动的完整体制。

由于党和政府对体育十分重视，体育工作者在社会上的地位也得到了相应提高。一届比一届多的体育工作者被选为隶属全国人民代表大会的代表。党和国家领导人对为国争光的运动员、教练员都非常关怀。近年来，随着人民物质文化生活水平的提高，群众性的体育活动也得到了全面发展，特别是自党的十一届三中全会以来，体育出现了新的发展势头。日常生活中，在公园、校园、街头及体育场（馆）里到处可见做操、跑步、打球、游戏等各种体育活动，"武术热""气功热""健身操热""健美操热"更是一浪高过一浪，人们的精神面貌发生了根本性的改变。体育活动已成为当今人们生活中不可或缺的重要组成部分之一。

2. 国外体育的发展

古希腊灿烂的文化、发达的哲学思想和教育思想，带来了体育的繁荣。那时，古希腊城邦兴建了许多规模宏大的体育设施，还造就了一批又一批优秀的运动员，增强了古希腊人的体质，出现了经济文化与体育的共同繁荣发展。并且在对青少年的教育中，古希腊还把体育列为重要内容。亚里士多德首先在理论上论证了体育与德育、智育的关系的人，主张国家应负责去对儿童进行公共教育，并使他们的身体、德行和智慧得以和谐发展。古希腊各城邦之间的军事交战，则更加促使了他们对体育的重视。最典型的是斯巴达人，他们不仅注重尚武教育还很注意优生。在尚武教育下，斯巴达人大多被培养成身体强壮、刻苦耐劳和勇敢善战的战士。由于他们注重对青年的身体训练，斯巴达人才保留了他们在古代奥运会上百年的垄断地位。同时，斯巴达的士兵彪悍骁勇，称雄希腊。中世纪时，欧洲进入了黑暗的封建社会。一些国家反对舞蹈和其他的身体活动，这使得在体育上则比古希腊繁荣的奴隶制社会体育景观倒退了。十四五世纪意大利的文艺复兴运动中，在教育思想方面重视对儿童的身体教育，并主张将读书与运动结合；在体育方面，则要求继承古希腊的体育遗产，对斯巴达的军事体育表示赞赏，推崇柏拉图关于开设体操课程的主张。文艺复兴以后，第一个倡导"三育"的英国哲学家、教育家洛克明确地将教育分为三部分，分别是体育、德育、智育，主张在宫廷训练中开设体育课程。18世纪启蒙运动的代表人物卢梭是法国的启蒙思想家、哲学家、教育家、文学家，他主张在教育上要顺应儿童的本性，让他们的身心能够自由发展。从此，古希腊的体育又得以复苏。

19世纪，西欧由于资本主义的发展不平衡和民族主义的倾向，各国之间接连不断地发生战争，使许多国家都蒙受战争失败的屈辱。这些失败刺激着各国重建军队，使其认清了对人民进行身体训练、使之适应服兵役需要的重要性。正是出于这些强国强民的需要，各国普遍开始加强对体育的重视程度，因而相继出现了许多体育著作。这些著作不仅受到本民族的欢迎，成了本国人民的财产，而且逐步流传于其他各大洲之间，推动了世界体育运动的发展。

正当欧洲各国纷纷采用和推广德国和瑞典的体操时，英国人则凭借其独特的社会条件，兴起了符合本民族特点的户外运动、娱乐和竞技运动。其活动形式丰富多彩，有射箭、羽毛球、板球、保龄球、曲棍球、橄榄球、足球、游泳、网球、划船、田径赛、高尔夫球、登山、滑雪、滑冰等运动项目。随着英国殖民主义的扩张及哲学家赫伯特·斯宾塞著作的流传，这些运动在美国、欧洲多国及其他许多国家也得到广泛传播。

在20世纪，现代科学技术的迅速发展影响了整个人类社会及其生命活动。随着社会现代化水平不断地提升，体育的社会价值和地位也日益提升。由于体育具有独特的多方面的社会功能，它成为各国政府，特别是一些国家领导人及政界要人极为重视的一项社会活动。尤其是近年来，激烈的国际比赛所造成的巨大压力，促使各国政府不得不以更加积极的态度来支持体育运动，体育也已被纳入各国政府的教育制度之中。各国将体育列为学校的必修课，从青少年时起就反复进行灌输和强化教育。

近几年来，竞技运动在许多国家迅速渗入到人们生活的各个领域，并逐渐成为人们最感兴趣的社会活动之一，特别是在重大国际比赛中，人们对其所表现出来的热情更是堪称达到了狂热的地步。1972年慕尼黑奥运会期间，有10亿人通过电视观看了奥运会的各个比赛赛场；10年后的1982年，在第12届世界杯足球决赛时，更是有100多个国家出高价去购买电视转播权转播比赛实况，并且有12亿人通过电视观看了这届精彩的足球大赛；1984年洛杉矶奥运会各赛场直接观众达到了579万人次，电视观众每天达到了20亿人次，观看者总数则直达700亿人次，真可谓举世瞩目。在所有的社会活动中，很难有一个社会活动能像体育运动那样博得社会众多成员如此持久的关注并为之着迷，这是对体育运动的社会地位的一个直观反映。

第二节　体育的基本功能

体育的功能，实际上是体育本质属性的反映。因此，它是确定体育目的、任务的主要依据。伴随着社会的进步、生产力的发展、知识的积累和人类需要层次的提高，体育科学兴起，体育自身的规律及与其他各种社会现象之间的联系不断被揭示，人们对体育的认识在实践中不断地向纵深发展。研究体育的功能可加深我们对体育的理解，让我们进一步认识体育对社会发展的重大意义，从而更有效、更自觉地发挥出体育的作用，为我国社会主义现代化建设服务，并为人民服务。体育的功能取决于其本身的特点和社会的需要，同时，如果没有社会需求的刺激，体育的特点得不到发挥，同样也不可能显示出它的作用。

体育的功能主要体现在促进社会的物质建设和精神文明建设两个方面。因为体育属于人类文化总的范畴，所以它本身就属于精神文明的一部分。尽管在体育的产生初期及以后的一个相当长久的时期中，人们更多地注意并强调了体育对增强人体体质的生物学作用，然而，随着社会的发展，体育在精神方面和文化方面的价值也越来越明显地在实践中被表现出来，并被人们认识。体育是一个有机的整体同时也是一个多功能、多目标的系统，这个系统置身于社会这个大系统中。体育的功能表现在体育本身的特点及其与外部联系的变化过程中。体育的功能归纳起来有健身功能、娱乐功能、教育功能、经济功能、社交功能和政治功能这六种。

一、体育的健身功能

体育的进行是通过身体的运动，它要求人的身体须直接参与活动，这也是体育的最本质的特点。这个特点决定了体育所具有健身的功能。通过体育活动可以促进人体的新陈代谢及血液循环，从而起到促进有机体的生长发育、改善各个器官、系统的机能、提高整个有机体的工作能力的作用。体育的健身功能具体表现在以下的三个方面：

1. 体育运动能改善和提高中枢神经系统工作能力

经常参加一些体育运动，可以提升人的大脑皮层的兴奋性，同时在运动过程中不断加深抑制力度，促使兴奋性和抑制作用更加集中，从而使运动过程的均衡性和灵活性得到加强，对体外刺激的反应就更加迅速、准确，提高大脑皮层的分析能力和综合能力，改善神经系统对各个器官、系统的调节作用，进而使各个器官和系统的活动更加地灵活、协调，并且能提高有机体对外界环境的适应能力和整个有机体的工作能力。

2. 体育运动能促进有机体的生长发育，提高运动器官的机能

经常运动可以使管状骨变粗，骨密质增厚，骨结节和粗隆增大，骨小梁的排列也随之发生适应性的变化。由于体育运动加强了肌肉的运动，肌肉中的毛细血管扩张，血液的供应增加，对于蛋白质等营养物质的吸收和贮存能力增强，肌纤维增粗，因而使肌肉收缩更加的有力强健，关节就更加灵活、牢固，机体的运动能力可以大大提高。

3. 体育运动能促进内脏器官构造的变化和机能的提高

运动会使人体内能量的消耗增加，代谢产物增多，促使新陈代谢变得旺盛，

血液循环加速，因而心血管系统、呼吸系统、消化系统和排泄系统等机能都将得到改善，同时也使各主要器官在构造上面发生变化，机能得到提高。如心脏在构造上产生运动性肥大，心肌增强、心壁增厚或心脏容积增加；在机能上使每搏输出量增加、心搏频率减少或出现"节省化"现象。肺的功能也会相继提高，肺活量增大以及呼吸深度增加。在剧烈运动时，则能够高度发挥呼吸器官的机能，优化能量物质的氧化过程，以能够保证运动时能量物质的供应。

总之，体育运动可以增强人的体质，使人健康长寿。这就是体育运动健身功能的直接效果。由体育运动的健身功能还可以派生出其他的一些功能，诸如可以促进生产、提高劳动效率、提升部队战斗力、增强国防力量以及促进其他事业的发展。同时，全民族的体质增强，本身就是精神文明的标志之一。

二、体育的娱乐功能

进入了21世纪后社会现代化的进程加快，人们的余暇开始增多了，如何善度余暇，成了一个社会性问题。丰富多彩、健康文明的余暇生活，不仅可以使人们在繁忙劳动之后获得积极性的休息，还可以陶冶情操、愉悦身心、培养高尚的品格与品质。体育运动娱乐功能的客观依据是，体育能够满足人民的精神需要。体育运动由于其技术的高难性与简单性、动作和造型的艺术性、配合的默契性和易于接受的朴素性，成为当代人余暇生活的一个重要的组成部分，起到了丰富社会文化生活、愉悦人的身心、调节人的情感、满足人的精神需要的重要作用。

当代体育活动为了能够最大限度地发挥人的体力和智力水平，运动技艺日益在向难、新、尖、高的方向进行发展。一些杰出的运动员能够在一定的空间和时间内把自己的身体控制到尽善尽美的程度，使健、力、美高度地统一起来，再加上和谐的韵律与鲜明的节奏之间的巧妙配合，能表现出其抒情诗般的艺术造型，使人们在观看体育比赛时，犹如欣赏优美的舞蹈、线条明快的雕塑、光线谐和的摄影艺术，得到美的享受。正因为体育运动如此地富有魅力，所以在运动场上，常常有一种强烈的移情作用在观众与体育表演者之间扩散开来。例如在欣赏跳高比赛时，成千上万的人在运动员准备起跳的时候都屏息凝神，而当他越杆而过时，观众们立即爆发出宽慰的、纵情的欢呼；当一个排球运动员跳起准备扣球时，人们的手心都沁出了汗水，而当扣球落地有声得分时，观众席就马上爆发出震耳欲聋的掌声。亚里士多德曾将类似的情境称为"净化"观众的感情。这不仅能使人们因为工作所带来的紧张的神经、疲劳的身体和紊乱的情绪得到积极有益的调节，还有助于元气的恢复，而且也是某种精神上的享受。

另一方面，人们通过参加一些体育运动，特别是参加那些自己特别喜爱和擅长的运动项目，在完成各种复杂练习的过程中，在征服自然障碍的困难中，体验到一种非常美妙的愉快感受。这种心理状态可以激发人们的自尊心、自信心和自豪感，满足人们与同伴交往、合作的需求。同时，由于各种运动项目的不同特点，能够使人在实践中获得各种不同的情感体验。例如：跑步能使人感受到有条不紊，勇往直前；打球使人感受到视野开阔，豁达合群；旅游则可以饱览名山大川，赏心悦目，令人心旷神怡。现代奥运会的创始人皮埃尔·德·顾拜旦在他的名作《体育颂》中也满腔热情地歌颂了体育的这一功能。的确，体育可以说是一种最积极、最健康的娱乐方式，在当代社会生活条件下，它已经和传统的娱乐方式（如戏剧、电影艺术等）并驾齐驱。

三、体育的教育功能

马克思和恩格斯在其著作中多次地论及体育的教育功能，他们把体育视为教育的不可或缺的组成部分，认为"生产劳动同智育和体育相结合，不仅是提高社会生产的一种方式，还是造就全面发展的人的唯一方法"。这一正确的观点理论，也是我们论述体育的教育功能的理论依据。

体育运动的竞赛具有群众性、国际性、技艺性和礼仪性（指有一定的仪式，如开幕式、闭幕式、发奖仪式等）的特点，这也使它成为传播价值观的一种理想的载体。它不仅能激发人们的爱国热情、振奋民族精神，还能教育人们保持与社会价值取向相一致的行为。体育运动竞赛的国际性不仅扩大了体育的活动范围，还加深了它对社会所产生的影响，将本来只属于运动技艺的比赛，扩大和延伸到了国与国之间的相互竞争，这种竞争超越了体育运动本身的价值，并且产生了一种不可低估的教育作用。比如在国际比赛中，运动员按规定必须要在自己的胸前佩戴所代表国家（或地区）的鲜明标志；竞赛规程中明文规定在比赛结束后，给获胜国运动员颁奖时需要根据运动员所代表的国家，奏该国国歌、升该国国旗，这就更增强了体育运动竞赛参与者和欣赏者的爱国意识。虽然人们不会简单地以运动竞赛的胜负去论定各个国家的优劣，但是，人们总是把一个国家的运动员在国际比赛中的那些表现和他们所取得的成绩，看成是一个国家国力的反映，所以民族威望也会由于在国际比赛中取胜而得到提高。特别是随着全球性通信网络的形成，体育运动更加成为一种富于感染力、易于传播的精神力量，这就使得体育运动不仅与人民生活息息相通，而且还能产生巨大的教育作用。由此可见，体育运动是一个很有说服力的教育手段，对整个社会的教育作用也是非常广泛、深刻的。

四、体育的经济功能

经济学界认为，社会经济发展的重要标志是劳动生产力的提高，而在对生产力进行价值评估时，人的素质就变成了最主要的衡量标准。一般说来，人的素质包含三个方面，身体素质、文化素质、道德素质。但就某种意义上而言，身体素质作为诸多素质的物质基础，对于生产力的提高起着至关重要的作用。体育发展社会经济的功能，最初是由体育的健身作用决定的。它在提高身体素质、提高劳动者健康水平两方面有着明显的效果，保持和增强了劳动者的劳动能力，因此，在体力投资方面所做出的贡献，有力地促进了社会经济的发展。

在商品经济社会里，体育作为第三产业，以劳动的形式向社会提供消费。当前，一些经济发达的国家十分重视发挥体育的经济功能，并采用多种途径追求体育经济效益。诸如在大型比赛中获取收入的措施：出售比赛的电视转播权、发行纪念币、体育彩票、门票收入、广告费等。在日常体育活动中增加收入的措施有：提高体育设施的利用率、举办热门项目的比赛、发展体育旅游、寻求赞助、开展体育咨询等。在改革开放进程中，我国体育的经济功能正在持续不断地得到发挥，获取了可观的体育经济效益。

五、体育的社交功能

体育的社交功能主要表现在人际交往与国际交往两个方面。

1. 人际交往

体育运动，特别是集体项目，需要有众多人员通过默契配合、集体合作、顽强拼搏等因素，方能取胜。在训练和竞赛中，这种日积月累的合作往往能增进人与人之间的情感交流，加深人与人之间的友谊。如传统体育中的气功和太极拳等，人们在一起相互切磋技艺，交流心得，共同演练，达到了增进友谊和拓展交友的目的。

2. 国际交往

体育竞赛拥有不分性别、不分民族、不分地域，完全按照体育竞赛规则公正、公开、公平参与各种不同的竞赛活动的特点，特别是在交通发达的今天，大大地便利了国际间的体育交往。在体育竞赛中，切磋了技艺的同时，也增进了各国、各民族之间的友谊，有利于促进世界的和平发展。

六、体育的政治功能

政治对体育起主导和支配作用，直接影响着体育的目的与任务；反之，体育以特有的方式能动地影响和反作用于政治，并为政治服务。体育的政治功能主要体现在以下两个方面：

1. 提高民族、国家的威望与地位

随着竞技体育的飞跃发展，竞赛场成为没有枪声的争夺金牌的战场，金牌从一个侧面标志着一个国家的实力、地位、政治面貌、精神状态、社会制度等的优越，各国也纷纷运用竞技体育这一手段来表现各国的实力，扩大自身影响，提高国际声誉。例如，在苏联"十月革命"成功35年后，第一次参加奥运会就与美国平分秋色，充分地显示了社会主义制度的优越性。1972年，美国在奥运会篮球决赛中输给苏联，这引起了美国公众的普遍不满，认为这有损于美国的国际威望，强烈要求调查失败的原因。中国在历史上曾被侮辱为"东亚病夫"，国际威望大受贬损。我国运动员在亚运会上连续夺得金牌总数第一名、在奥运会上也连续多届获得了多枚金牌，大大激发了我国的民族意识，振奋了民族精神，提高了中华民族的威望和国际地位。

2. 振奋民族精神，加强爱国主义教育，增强国民凝聚力

一个国家想要谋求政治安定、经济繁荣、文化发达、军事强大，必须要具备多种条件，而发扬民族精神、掀起爱国主义热潮、增强国民的凝聚力是其中必不可少的条件。为了达成这一目标，可采取多条渠道和多种方式，而体育则是其中十分重要的渠道和方式之一。当今，一次国际体育大赛的胜利，会像巨石击水，在国民心中产生巨大的冲击波，使千百万人甚至整个民族、国家都沸腾起来，使民族精神得到升华、爱国激情得到弘扬、民众之心连成一片。比如，我国申办2008年奥运会的成功和中国男子足球队冲出亚洲走向世界的成功都远远地超出了体育本身的意义。

第三节　当代艺术院校体育目的和任务

一、高校体育的地位

体育是高等教育的重要组成部分，是用于培养德、智、体全面发展的当代高级人才的一个重要方面。无产阶级革命导师马克思曾做过精辟的论述，他说，可把教育理解为以下三种：①智育；②体育，即体操学校和军事操练所传授的东西；③技术教育。这种教育要使儿童或少年去了解一切生产过程的基本原理，同时使他们获取使用一切最简单生工具的技能。列宁也曾经指出，为了实现和完成共产主义事业，应培养青年一代具有健康的身体、钢一般的意志和铁一般的肌肉，去迎接新的战斗。毛泽东同志在开始从事革命活动时就提出了学校要德、智、体"三育"并重。1957年在《关于正确处理人民内部矛盾的问题》一文中又明确地指出："我们的教育方针，应该使受教育者在德育、智育、体育几方面都得到发展，成为有社会主义觉悟的、有文化的劳动者。"这一全面发展的指导思想，为我国高等体育教育指明了方向。

高校生在学习专业理论知识的同时，也必须要接受体育教育。"德智皆寄于

体，无体即无德智也。"如果没有健康的体魄，就难以完成在校期间的繁重学习任务，也难以在"四化"建设中发挥更大的作用。高校体育可以增强学生的体质，促进学生智力的发展，培养其敏锐的感知、灵活的思维和丰富的想象力；可以培养学生高尚的思想道德品质，勇敢顽强的毅力和集体主义、爱国主义精神；可以丰富学生的课余文化生活，调节精神，消除疲劳，有助于提高学生学习效率。高校生是祖国的未来和希望，是社会主义建设和发展科学技术的主力军，他们身上肩负着神圣的使命。每一位高校生都应该在刻苦钻研、勤奋学习的同时，努力去锻炼身体，学习并掌握体育知识、技术、技能，使体育成为其生活的一部分；应该把体育的近期效益与长远效益结合起来，只有这样才能够既能有利于自身在校期间健康地、精力充沛地学习、生活，又有利于毕业后能继续科学地进行锻炼，从而为祖国、为人民健康且高效地长期工作。

二、高校体育的目的和任务

为使学生在校期间能够顺利地完成学习任务，未来能够更好地为社会主义现代化建设和保卫祖国服务，高校学习体育的目的是——养成自觉锻炼的习惯，有效地增强学生的体质，并且能促进学生身心的全面发展。

为了实现上述目的，高校体育则必须完成以下任务：一是对学生进行国际主义和共产主义的品德教育，增强组织纪律性，培养学生热爱党、热爱祖国、热爱社会主义的品质及勇敢、顽强、积极进取的精神，激励学生勤奋学习、勇攀高峰、勇于拼搏、勇于竞争；二是全面发展学生的身体素质，增进学生的身心健康，增强学生自身体质，提高学生的身体机能水平；三是通过体育理论的讲授，使学生了解并掌握体育基本知识，了解体育对提高健康水平所起到的作用，培养学生体育意识，养成自觉锻炼的良好习惯，逐步形成终身体育的观念；四是传授体育技术，发展学生的体育运动能力；五是要提高学生的运动技术水平，为国家培养体育人才。

三、实现高校体育目的任务的基本途径

学校体育是高等教育培养德、智、体全面性发展的"四化"建设人才的重要环节。学校的体育工作包括体育教学、课外体育活动、课余运动训练以及运动竞赛等环节。

1. 体育教学

高校体育课是实现高校体育目的任务的主要途径，是一个传授和使学生能够掌握体育知识、技术和技能的教学过程。在高校体育工作条例中所规定的体育必修课，是高校体育的基本教学形式，是开展课外活动、课余训练不可或缺的基础和纽带。

体育课是师生教与学的双边活动。在教学中，应当建立正常的教学秩序，健全体育课的教学常规。教师要充分发挥主观能动作用，师生应共同努力，不断提高和增强教与学的积极性、科学性和组织纪律性，使学生通过体育教学，既能锻炼身体、增强体质，又能学到知识与技术、提高技能、磨炼自我意志、振奋精神。

体育课分为理论与实践两种形式，按照课程的不同任务，又可分为基础体育课、专项体育课、选修体育课、保健体育课等课程。

基础体育课，通常在一年级中开设，以促进身体全面发展、提高身体素质为主，使较多的学生能通过《国家体育锻炼标准》和《大学生体育合格标准》，并为以后的选项课、选修课打下良好的基础。

专项（或选项）体育课，通常在二年级中开设，一般可以设置足球、篮球、排球、武术、网球、乒乓球、健美操等项目。根据学生自己所选的项目，在技术等方面进一步强化训练，提高专项技术水平，增进学生身体素质和技能。

选修体育课，也在二年级中开设，根据条件可开设一些学生们喜闻乐见的、有利于毕业后能进入日常生活的体育项目，一般开设乒乓球、羽毛球、网球、游泳、溜冰、健美操、艺术体操、体育舞蹈、棋类、太极拳、气功等项目，由学生根据自身爱好选修。

保健体育课，通常在体弱或患慢性病学生中开设，但须经医院证明、体育部（室）审核同意并报学校教务处备案，教学内容以太极拳、气功等传统的体育项目为主。在教学中要加强医务监督和跟踪调查，以利于学生的身体康复。

体育课教学要体现出科学性、系统性和循序渐进性，注意调动并发挥教师和学生双方的积极性，处理好教学与训练之间的关系。新授课教学内容相对多一些，复习课练习次数相对多一些。并且要注意调查研究，加强对课程设置以及教学效果反馈信息的获取，不断完善体育课教学的各个环节，以取得更好的效果。

2．课外体育活动

课外体育活动是高校学生体育的工作中心，其目的是在于增强学生体质，培养学生锻炼身体的习惯，丰富学生的体育文化生活，陶冶学生的情操，发展学生的个性。要积极推行《国家体育锻炼标准》和《大学生体育合格标准》，要在组织学生经常开展体育锻炼的基础上，对身体正常的学生定期进行测验并登记，争取通过锻炼标准，并取得优异的成绩；也可通过共青团、学生会、体协等群众组织，开展有益于学生的身心健康的体育活动，如远足、野营、登山、夏令营等活动；还可由学生自发组织或体育职能部门组织开展体育活动项目。

3．课余运动训练

课余运动训练是高校体育工作的重要方面。学校应当在普及体育的基础上，因地并且因校制宜，建立校体育运动队，开展多种不同形式的体育运动训练，从而提高学生的运动技术水平。有条件的学校，可以根据教育部有关规定去开展培养高水平运动员的专项训练。

运动训练必须要科学合理，严格要求，同时应加强医务监督和运动保护，防止运动损伤。学校应积极支持学生参加校内外的课余体育运动训练。

4．运动竞赛

运动竞赛是高校体育的重要组织形式。运动竞赛应当体现出教育的特点，它有助于检验学校的体育工作，推动群众性体育活动的开展，培养学生顽强进取的精神和良好的体育道德品格；有助于提高学生运动技术水平，培养和发现体育运动的优秀人才。学校体育竞赛应当贯彻小型多样、单项分散和以基层为主的原则。学校在平时开展体育锻炼的基础上，应每年组织全校范围内以田径项目为主的运动会，提倡组织以本地区为主的校际体育竞赛活动。

四、小知识

1. 奥林匹克运动会

奥林匹克运动会，简称"奥运会"，是国际奥林匹克委员会主办的国际性综合运动会，其包括夏季奥林匹克运动会、冬季奥林匹克运动会、青少年奥林匹克运动会、残疾人奥林匹克运动会、听障奥林匹克运动会和特殊奥林匹克运动会。

奥林匹克运动会每四年举办一次，并且每届运动会的会期不超过16天。奥林匹克运动会因起源于古希腊奥林匹亚得名。古代奥运会从公元前776年到公元394年为止，共历经了293届，后被罗马皇帝狄奥多西一世以邪教活动的罪名而废止。1894年，在巴黎召开的国际体育会议中，在法国贵族皮埃尔·德·顾拜旦的倡议下成立了国际奥委会，并决定恢复奥运会。

现代第一届奥运会于1896年在希腊雅典举行，此后奥运会在世界各地轮流举行。由于1924年设立了冬季奥林匹克运动会，因此人们习惯的称奥林匹克运动会为"夏季奥林匹克运动会"。奥林匹克运动会现在已经成为和平与友谊的象征。

2. 特殊奥运会的由来

特殊奥运会即世界智障人士运动会，发起人是美国的前总统肯尼迪的妹妹和妹夫。他们俩同是波士顿财团的主要成员。在别人眼里，他们是最显赫、最幸福的夫妇，但不幸的是，他们的孩子竟是一个智障人士。

可能是出于爱屋及乌的原因，肯尼迪的妹妹和丈夫依靠波士顿财团的雄厚实力，发起了举办世界智障儿童运动会的倡议。这个倡议很快就得到了世界各国的响应。他们决定在美国举办第一届特殊的运动会，并把比赛扩大到全部智障人士的范围。国际奥委会对此表示十分赞赏并给予热情支持，称第一届世界智障人士运动会为特殊奥运会。

3. 体育奖牌的由来

奥运会、亚运会以及各个单项的世界锦标赛，都会授予竞赛的优胜者金牌、银牌和铜牌。然而，在很久以前，体育竞赛中的优胜者所获得的奖赏只是一个用橄榄树或桂枝编织成的"桂冠"。1896年第一届的奥林匹克运动会的优胜者获得的就是这样的"桂冠"。

直到1907年，国际奥委会在荷兰海牙召开的执委会上，才正式地作出了授予奥运会优胜者金牌、银牌和铜牌的这一决定，并在翌年举行的第四届伦敦奥运会上开始实施。

自1924年第八届巴黎奥运会起，国际奥委会针对奖品作出了进一步补充决定：优胜者除了授予奖牌外，还同时发予证书（奖状），并对金牌、银牌、铜牌的设计、制作也作出了具体的规定。一、二、三等奖的奖牌直径均不可小于60毫米，厚度为3毫米。其中一等奖（金牌）和二等奖（银牌）的奖牌用银制作，其纯度（含银量）不低于92.5%，且一等奖奖牌（金牌）的表面至少镀6克纯金。

以上的这些规定，从1928年的第九届阿姆斯特丹奥运会上开始使用且沿用至今。

4. 体育奖杯的由来

如今的体育奖杯是由一种叫"爱杯"的大酒杯演变而来的。它起源于英伦三岛。据西方史料记载，公元978年3月18日，英王爱德华出征归来时，骑在马上接受别人敬献的一杯祝酒，正当他仰首痛饮时，被刺客从背后猛刺一刀，不幸坠马身亡。

此后，英国人凡是举行宴会，主人就使用一个大酒杯盛满美酒，在客人中依次传递，轮流啜饮。每当一位客人起立接过大酒杯时，邻近左右的两位客人也必须陪同站起来，以示保护，以免使饮酒者重蹈英王爱德华之覆辙。后来，这只来宾们都要轮流啜饮的大酒杯便命名为"爱杯"。在当时的英国，这种"爱杯"被视作最珍贵的礼品馈赠给贵客。

随着体育运动的蓬勃发展和人们对体育竞赛的兴趣日趋浓厚，人们又将"爱杯"作为奖品赠送给在体育竞赛中的优胜者，以示祝贺。获得"爱杯"的人会受到人们的尊敬。这个方式一直流传至今，而且当代的奖杯仍保留着当年"爱杯"的遗痕——形似大酒杯，多数带有两个长长的耳朵，并且在称呼上都带有一个"杯"字。如乒乓球的斯韦思林杯、考比伦杯，羽毛球的汤姆斯杯等。

5. 桂冠的由来

在各种体育竞赛中，人们常称优胜者是夺得"桂冠"。而桂冠的来历则出自古希腊神话。太阳神阿波罗爱上了露珠女神达芙妮，对其一往情深。但达芙妮却始终拒绝阿波罗的追求。有一天，阿波罗又来到众女神居住处，达芙妮看到后拔脚就跑，阿波罗恳求她不要躲避，当心被树桩绊倒。眼看着要追上了，达芙妮向她的母亲大地女神呼救道："母亲，如果你不能让我逃脱，就改变我的形状吧！"当阿波罗接触到心爱的姑娘时，感到她的心仍在突突地跳，可她的身体却已变成一棵月桂树。然而阿波罗对达芙妮的爱情却没有因此而泯灭，他说："我将永远爱你，让你成为最高荣誉的象征。"

后来，希腊人便将桂树枝叶编成"桂冠"献给竞赛的优胜者，以示荣耀。

第二章

高等艺术院校学生体育锻炼与健康

第一节　健康基本概述

一、健康的概念

健康的定义是随着人类对客观世界认识不断的深化而变化的。随着物质生产的发展、科学技术与医学的进步，人们对于健康的认知也日益明确。受传统观念和世俗文化的影响，长期以来人们多把"没有疾病"作为衡量健康的标准，把健康单纯地理解为"无病、无残、无伤"，但是这些都是不确切且不全面的。世界卫生组织（WHO）在1978年国际初级卫生保健大会上所发表的《阿拉木图宣言》中重申："健康不仅仅是没有疾病或不虚弱，还是身体的、精神的健康和社会适应良好的总称。"《阿拉木图宣言》还指出："健康是基本人权，达到尽可能地健康水平，是世界范围内一项重要的社会性目标。"由此可见，健康是人类的一项基本需求和基本权利，也是社会进步的重要标志和潜在动力。我们要树立正确的健康观念，而所谓的健康观念就是要把健康问题看作是全社会和全民的事业，看作是"人类生存和发展的基本要素"。社会各个部门都要把自己的工作和人民的健康联系起来，努力维护和增强人民的健康，促进社会的发展。每个社会成员不仅要为自己的健康承担责任，还要为他人健康乃至社会健康承担责任。

"无病即健康"的健康观是单纯的生物学的健康观，它机械地将健康与无病两者视为因果关系。其实人体可能潜伏着病理性缺陷或功能不全，但表面上看却是"健康"的，只有出现症状和体征时才会被认为是生病。事实上有些疾病一旦出现，临床表现已经是病入膏肓，如肝癌、肺癌等。

由于人具有自然人和社会人的双重属性，在其生活经历中，会受到各种各样的社会因素（例如政治的、经济的、教育的、战争的因素等）的影响和干扰，人体受其影响会产生紧张、悲哀、恐惧、忧虑、孤独等影响健康的不利心理因素，进而对人的身心健康造成不同程度的损害。20世纪末，全世界约有五千万人患有各种严重的精神疾病，约有三亿人患轻度精神病。这些人不同程度地失去自控能力，影响了自己正常的生活，但他们却并不承认自己有病，有的病甚至使用最先进的仪器也不易查清。大量的研究证明：人的许多不良的生活方式和行为（如吸烟、酗酒、吸毒、生活秩序紊乱、异常性行为、缺乏锻炼等）都有损于身心健康；人类的许多疾病都与心理因素的变化密切相关，如生活节奏过快、竞争性过强、持久冲动等都会造成自身的应激能力减弱，进而引发心脏疾病和脑血管疾病。

当代科学技术特别是医学的发展，证实了人体的整体性以及人体与自然环境、社会环境的统一性。人体与自然环境、社会环境的统一性，不是强调无条件地适应环境，绝对地顺从社会的主流文化，而是强调人要能动地适应与改造环境，主动地去认识健康，不断地去探索健康规律。这种认识必将使健康观从被动地治疗疾病转变为积极地预防、预测疾病，从单纯的生理健康标准扩展到心理、社会健康标准，从个体诊断延伸到群体乃至整个社会的健康评价。每个人不仅要珍惜自身健康，不断促进自身健康程度，而且要对他人、群体乃至整个社会的健康承担义务。健康不仅表明个人身心状态的完好，同时还表明全社会的精神面貌和全民族文化素质的提高。这就是正确的健康观。

综上所述，所谓健康是指人体各个器官系统发育良好、功能正常、体质健壮、精力充沛并有良好劳动效能状态，与生活环境之间保持和谐并对自然环境及社会环境有较强的适应能力。

世界卫生组织将当代人健康的标准概括为十个方面：第一，有充沛的精神，能从容不迫地应付日常的生活和工作的压力而不感到过分紧张；第二，处事乐观，态度积极向上，乐于承担责任，事无巨细不挑剔；第三，睡眠良好；第四，应变能力强，能够适应环境的各种变化；第五，能抵抗一般感冒和传染病；第六，体重得当，身材匀称，站立时头、肩、臀位协调；第七，眼睛明亮，反应敏锐，眼睑不易发炎；第八，牙齿清洁，无空洞，无痛感，齿龈颜色正常，无出血现象；第九，头发有光泽，无头屑；第十，肌肉、皮肤富有弹性，走路时感到轻松。

二、当代健康观的内涵

当代健康观应以具有权威性的世界卫生组织对健康的定义作为认识基础，不能单纯地从人的生物性方面来考察人的健康问题，而要更全面、客观地从生物、心理、社会三方面来探讨人的健康、争取健康和创造健康。以生物、心理和社会为基础的健康模式，应包括以下几个方面的重要内容：

1. 生物因素

人是一种生物，具有生物属性的人的健康首先必须是躯体结构与功能的正常。人的健康会受到多种生物性不利因素的影响。

（1）自然因素，包括生物、化学、物理因素。其中生物因素包括病原微生物、寄生虫等；化学因素包括有毒的化学物质、变态反应、机体所需的化学物质的过剩或缺乏等；物理因素则包括放射线、高温、噪声等。

（2）体质因素，包括机体器官功能失调、内分泌失调、先天性异常等。

（3）遗传因素，包括染色体异常、基因变异等。

人对这些影响健康的生物不利因素的行为反应有两种：一是适应，二是改造。人类在进化过程中，不断增强与生物性健康环境平衡的能力和抵抗疾病的能力，这便是适应；人通过掌握自然科学的客观规律，充分发挥科学技术的力量，主动地避免、控制和消灭影响健康的不利因素，积极地预防与治疗或通过各种形式的身体活动增强体质，这便是改造。

2. 心理因素

心理活动是人脑的机能，是人脑对客观世界的反映。人的健康应当包括心理健康，即气质、性格、情绪、智力、心理年龄、心理活动等方面都处于一种正常状态。心理活动是在生命活动的基础上产生的，反过来又通过情绪的中介作用影响人体内脏器官的生物化变化。积极的情绪可以增进健康。心理因素可以致病，也可以治病。因此良好的心理状态有利于疾病的预防、治疗和身体的康复。

3. 社会因素

构成人的属性是人的自然性和社会性。人的健康的社会因素是指人有正常的社会活动与社会活动能力，包括政治、经济、文化、风格、习惯、职业、社交、婚恋、经历、地位、人际关系、生活方式等诸多方面。积极的社会因素（环境）可促进人的健康，而消极的社会因素（环境）可导致疾病。社会因素在更多的情况下是通过一些中介因素来导致疾病和影响健康的。例如，工业生产的迅猛发展，本是人类进步的表现，但如果人们片面地去追求经济发展，从而忽视环境保护，使工业废物过多地进入生态环境，这即将给人类的健康带来极大的危害。

对社会因素导致的疾病，主要是靠改变社会条件来防治。人对于社会因素造成对身体健康的危害，不能去采取被动的行为——适应，而应采取主动的行为不断地改造社会环境，消除社会致病因素，积极争取健康。

三、树立"健康第一"的理念

人类已跨入21世纪，在这个充满竞争与挑战的新世纪里，拥有大批的高素质人才是一个国家可持续发展的优势。21世纪的国际竞争，是高素质的国民和专业人才的竞争。没有高素质的国民和专业人才，就很难去占领激烈竞争的制高点。而所谓的高素质人才，就是德、智、体全面发展的人才。早在20世纪70年代末期，联合国教科文组织就提出了新时代人才的三项基本标准，即"健康的体魄、高尚的道德品质和丰富的科学文化知识"。1999年6月全国第三次教育工作会议上通过的《中共中央国务院关于深化教育改革全面推进素质教育的决定》指出："健康体魄是青少年为祖国和人民服务的基本前提，是中华民族旺盛生命力的体现。学校教育要树立健康第一的指导思想，切实加强体育工作，使学生掌握基本的运动技能，养成坚持锻炼身体的良好习惯。确保学生体育课程和课外体育活动时间，不准挤占体育活动时间和场所。举办多种多样的群众性体育活动，培养学生的竞争意识、合作精神和坚强毅力。"健康是思想道德素质和科学文化素质的物质基础，也是培养高素质人才的物质基础。"健康第一"是新世纪培养合格人才和提高人类生活质量的新理念。

我国改革开放以来，随着社会稳定、经济的持续发展、人民生活水平逐步提高和教育改革的不断深化，我国学生的身体健康水平有了明显的提高。但是，改革开放以后成长起来的青少年多为独生子女，家庭、学校放松了对学生意志品质和吃苦耐劳精神的培养；应试教育长期只片面追求升学率的影响，只重视智育，轻视德育、体育与健康教育。此外，由于营养科学知识的滞后、饮食结构不合理等原因，我国学生体质健康方面仍然存在着一些不容忽视的问题，如耐力素质、柔韧素质呈停滞和下降趋势，肺活量也有所下降，肥胖儿童及超重比率增长较快，近视率居高不下等问题，而且农村地区学生口腔保健水平亟待提高。另外，学生的心理素质也存在明显的短处，如意志比较薄弱、缺乏抗挫折能力、缺乏竞争意识和危机意识等等。为此，教育要树立"健康第一"的指导思想，这既是改革教育现状的客观需要，也是我们所面临形势的必然要求。树立"健康第一"的理念，将对人类的发展、社会的进步，对我国在新世纪的改革与发展中产生深远的影响。

第二节　体育锻炼基本理论

一、体育锻炼的概念和意义

体育锻炼是指运用各种不同的体育手段，结合自然的力量（日光、空气、水）和卫生措施，以发展身体、增强体质、调节精神和丰富文化生活为目的的一种身体活动过程。

从人类的进化历史可看出，人体的发展与所有动物体一样，是遵循着"用进废退"的规律而变化的。人与动物的区别就在于人能够认识自身的进化过程，并能合理运用有关的科学知识，针对具体时期的社会生产和生活需要，提出对人体发展的种种需求和可能提供的条件，从而促进人类的身体发展日趋完善。荟萃古今中外的养生之道，总的来说，就是"生命在于运动"。

纵观身体发展的生命历程，影响人们身体健康的因素是多方面的。人们都向往健康长寿，但并非人人都能如愿以偿。人们从吃好睡够不足以使富有者长生不老的事实中，从适度体力活动可帮助劳动者延年益寿的经验中，逐渐认识到了适当地进行体育锻炼才是增进健康、增强体质最积极、最有效的方式。实践证明，体育锻炼必须讲究科学，按其本身固有的特点，去探明它的理论依据、锻炼原则和方法，选择有效的锻炼内容，安排可行的锻炼计划，才可获得最佳的锻炼效果。

二、体育锻炼的理论依据

体育锻炼的理论依据主要有：锻炼过程的新陈代谢理论、运动负荷的价值阈理论和个体适应环境能力动态平衡理论等。

1. 锻炼过程的新陈代谢理论

生命的新陈代谢是一个极为复杂的过程，人的机体是由细胞、系统、器官和组织组成的。细胞是机体结构与功能的最小且最基本的单位。新陈代谢通常是指具有生命的物质与周围环境进行交换和自我更新的过程。人体在进行物质代谢的同时也进行着能量的转换。

体育锻炼等身体活动对促进新陈代谢是一种刺激，能引起组织产生兴奋，加速物质的代谢和能量转换。身体活动必然会增加能量的消耗，出现代谢的不平衡情况。科学家已经揭示：体育锻炼能够增强体质是由于身体活动所引起能量物质的消耗，随后便能引起同化作用的加强，加速恢复过程，可使人体内活动细胞内部营养得到更多的补充，合成新的物质，使有机体获得更多旺盛的活力，从而促使机体得以发展和发达。体育锻炼是经过科学处理后的身体活动，使机体向着更完善的方向转化，这就是为什么体育锻炼可以增强体质的生理过程和理论依据。人体的素质代代相传，同时也存在着遗传变异，但遗传是相对的，变异是绝对的。因此，人体存在着人种和种族体质的差异。遗传学家表明，人体在正常体征和生理功能方面上，如肤色、发色、眼型、鼻型、身高、体重、体型、血型等都因素是遗传而来的，但又是渐变的，总的趋势是"用进废退"。因此，可以设想，大力提倡体育锻炼，是塑造未来、完善身体和增强民族体质必不可少的积极手段方法。

2. 运动负荷的价值阈理论

运动负荷价值阈，是指按一定数值的心率区间去确定运动负荷的计量标准。体育锻炼要针对每个人的不同特点来安排运动负荷，不可能有一个最佳运动负荷价值阈的绝对标准，但正常人之间的负荷值差异均较为接近，所以，运动负荷价值阈对多数人来说，具有普遍的现实意义。

近年来，国内外的学者普遍重视对运动负荷价值阈理论的探讨和其实际运用。有一些国家采用电脑控制仪、心电图记录器和基础体力测定器等装置来为体育锻炼提供健康变化的各种数据结果。

在体育锻炼的过程中，达到心搏量极限的程度，需要有一段的发动期。随后，心搏量会急剧上升，再经过一段时间，心搏量达到极限。从心搏量急剧上升到心搏量极限，这段数据称作心搏量的极限区间。心搏量极限区间低值和高值之间，即为运动负荷的有效价值阈范围。体育锻炼在这个区间内波动，并达到锻炼时间的2/3左右，可达到理想的锻炼效果。

从有利于增强体质的理念出发，一般人的体育锻炼应当以有氧代谢为主要目的，中等强度为最佳。学术界曾提出如下的结论：心率在110次/分以下时，机体的血压、血液成分、尿蛋白和心电图等都没有显著变化，健身的价值不大；心率在130次/分的运动负荷时，每搏输出量接近和达到一般人的最佳的状态，健身效果明显；心率在150次/分的运动负荷时，每搏输出量开始出现缓慢下降；心率增加到160~170次/分时，虽无不良的异常反映，但亦未能呈现出更好的健身迹象。因此，通常把一般人健身效果的最佳区间定在120~140次/分的心率之间。而每次锻炼心率保持在120~140次/分的时间，占每次锻炼总时间的2/3左右效果为最佳。

生理学实验证明：心率在140~180次/分时，每分输出量最大。因此，在体育锻炼中，安排强度较大、持续时间不长的无氧代谢，对提高负氧债能力的锻炼也有着一定程度的意义。

对上述结论的分析，还必须要注意到由于每个人年龄、体质的不同，所承受有氧代谢的运动负荷也应有所不同。国外运动负荷的计量标准有以下几条：

（1）卡沃氏的公式，即接近极限负荷的脉搏次数减去安静时的脉搏次数乘以70%，再加安静时的脉搏次数。

（2）以脉搏频率150次/分以下（平均130次/分）的运动负荷为指标。

（3）以180减去锻炼者的年龄数作为锻炼者每分钟的平均脉搏数。

采用这三种方法所得出的数据与最佳价值阈相近，但不论采用何种计量方法，都必须考虑的是自我感觉要舒适，并以不影响正常的工作、学习和生活为准。

3．人体适应环境能力的动态平衡理论

适应环境能力是指人体在适应外界环境中所表现出的机能能力，它包括了对客观环境的适应能力以及对疾病的抵御能力。

客观环境包括自然环境和社会环境两种。环境的变化通常给人体发展带来多方面的影响。良好的环境会促使人体朝着健康的方向发展；而恶劣的环境则会妨碍影响人体的正常发展，甚至可能会危及人们的生命安全。所以人体发展的首要条件就是，不断地与客观环境取得动态平衡。人乃万物之灵，不仅能消极地适应环境，而且能积极地改造环境，并且可以利用环境来为人类服务，从而为人体的完善发展创造条件。

日光、空气和水等自然因素是生命的源泉，因此人体的发展一刻也不能离开它们。人体是恒温的有机整体，只有自身保持在37℃的体温条件下，才能保证生理功能的正常运行，上下逾越1℃以上，就意味着会有病征，而光照、气温、风速、湿度、气压等气象条件，却总是在不断变化的。所以为了完美的适应自然环境的变化，人们除了采取积极的御寒防暑手段外，关键在于通过改善营养和进行体育锻炼等方式，使机体内部的产热和散热过程更加旺盛，体温调节机能更加的灵敏。实践证明，广泛地利用自然因素，不仅能够有效地改善机体的体温调节能力，还具有多方面的健身价值。为此，进行体育锻炼最好的地点是在阳光和煦、空气新鲜的户外，并可根据需要与可能，采用日光浴、空气浴和冷水浴等锻炼形式。

人体的生存和发展都离不开社会环境，并受物质条件的制约。不同的社会制度和历史阶段，不同的经济地位，都会对人体发展产生综合的影响。这种影响不仅局限于肉体，还会涉及精神，时时事事都起着或大或小的作用。在具体的社会环境中，不同的劳动方式、职业工种、生活习惯、体育锻炼方法、休息娱乐方式等，也都是构成环境条件的重要因素，都会对人体的发展产生直接或间接的影响。

实践证明，在自然因素和社会环境基本接近的前提下，人们能否坚持体育锻炼，其身体与环境所表现的动态平衡能力存在着明显的差异。

第三节　体育锻炼与心理健康

一、心理健康的定义

人的心理活动是十分复杂的，心理活动的表现形式又是丰富多样的，因此，关于心理健康的界定，也是众说纷纭。国内外不少专家都曾做过深刻的探讨，如波孟认为："心理健康是符合某一水准的社会行为，一方面它能为社会所接受，另一方面能为本身带来不定期快乐。"英格里士则指出："心理健康是指一种持续的心理情况，当事者在那种情况下，能做良好的适应，具有生命的活力，而能充分发挥其身心潜能，这是一种积极的、丰富的情况。"1946年，第三届国际心理卫生大会曾为心理健康下过这样的定义，即"所谓心理健康，是指在身体、智能以及情感上与他人的心理健康不相矛盾的范围内，将个人心境发展成最佳的状态。"也就是说，心理健康是以系统健康为基础的，要求个体能够持续对环境作出良好的适应，并且能保持旺盛的生命力，充分地发挥身体潜能的心理状态和心理适应能力。简而言之，心理健康是个体在各种环境中能保持一种良好适应和效能的状态。

二、心理健康的标准

心理健康的界定，有助于了解心理健康的判断标准。心理健康与生理健康一样，都是个体健康中不可分割的部分，但是心理健康的标准并不像生理健康那样的具体、精确和绝对。在临床上对心理健康状况的描述，通常使用"常态"与"变态"或者"正常"与"异常"等术语。然而，心理健康与否是相对的，所谓心理的正常与异常也是一个连续体的两端，它们之间没有绝对的界线。因此，关于心理健康的标准尚无统一定论。

第三届国际心理卫生大会认为心理健康的标志是：第一，身体、智力、情绪十分调和；第二，适应环境，人际关系中彼此之间能谦让；第三，有幸福感；第四，在工作和职业中，能充分地发挥自己的能力，过有效率的生活。美国心理学家马斯洛和米特尔曼曾提出了十条被认为是经典的心理健康标准：第一，有足够的自我安全感；第二，能充分了解自己并能对自己的能力作出适度的评价；第三，生活理想切合实际；第四，不脱离周围现实环境；第五，能保持人格的完整与和谐；第六，善于从经验中学习；第七，能保持良好的人际关系；第八，能适度地宣泄情绪和控制情绪；第九，在符合集体要求的前提下，能有限度地去发挥个性；第十，在不违背社会规范的前提下，能适当地满足个人的基本要求。

王效道主编的《心理卫生》中提出判断心理健康的三项原则：第一，心理与环境的统一性；第二，心理与行为的整体性；第三，人格的稳定性。❶同时提出了心理健康水平的七条评估标准，即适应能力、耐受力、控制力、意识水平、社会交往能力、康复力、道德愉快胜于道德痛苦等。王登峰、张伯源在主编的《大学生心理卫生与咨询》一书中，对各方面的研究结果进行了整理，提出了判断心理健康的八项指标：第一，了解自我，悦纳自我；第二，接受他人，善与人处；第三，正视现实，接受现实；第四，热爱生活，乐于工作；第五，能协调与控制情绪，心境良境；第六，人格完整和谐；第七，智力正常，智商在80分以上；第八，心理行为符合年龄特征。❷

综合以上研究，关于心理健康的标准可归纳如下几点：

1. 智力正常

智力是指一个人的认识能力与活动能力所达到的水平，是人的观察力、想象力、思维力、注意力、记忆力、创造力和实践活动能力等能力的综合。智力正常是一个人学习、生活、工作的最基本的心理条件，是能否适应周围环境变化需要的心理保证，因此，它是衡量心理健康的首要标准。一般来说，人群中大多数人的智力都是正常的，智力异常的只是一小部分。对智力诊断常用智力测验方法，一般认为智商低于90者为智力落后。

2. 情绪健康

情绪健康的主要标志是情绪稳定和心理愉快，同时它们也是心理健康的重要指标。因为情绪在心理活动中起着核心的作用，情绪的异常往往是心理疾病的先兆。情绪健康包括：

（1）愉快情绪多于不愉快情绪，具体的表现为乐观开朗、充满热情、富有朝气、满怀自信、善于自得其乐、对生活充满希望。

（2）情绪稳定性良好，善于控制和调节自己的情绪，既能克制约束自己，又能适度宣泄，不过分压抑，使情绪的表达既符合社会的要求，也符合自身的需求，在不同的时间和场合有恰如其分的情绪表达。

（3）情绪反应是由适当的原因引起的，反应的强度与引起这种情绪的情境相

❶ 王效道.心理卫生［M］.杭州：浙江科学技术出版社,1990：53-57.
❷ 王登峰,张伯源主编.大学生心理卫生与咨询［M］.北京：北京大学出版社,1992：89.

符合。相反地，如果在生活中遇到挫折，或因相貌不美、身体不好、生活上受打击等而埋怨命运、嫉恨他人、苦闷彷徨、悲观失望，则是心理不健康的表现。

3. 意志健全

意志是人在完成有目标的活动时所作出的选择、决定以及行动的心理过程。意志健全者在行动上的自觉性、果断性、顽强性和自制力等方面都会表现出较高的水平。他们在各种活动中都有自觉的目的性，能适时地作出决定并能运用切实有效的方法去解决所遇到的各种问题；在困难和挫折面前，能采取合理的反应方式，能在行动中控制自己的情绪和言行，而不是行动盲目、优柔寡断、轻率鲁莽、害怕困难、意志薄弱、顽固执拗、言行冲动。

4. 人格健全统一

人格在心理上是指个体相对稳定的心理特征的总和。心理健康的人，其人格也是健全统一的，具有相对稳定性，即个人的所想、所说、所做都是协调一致的。具体表现为：

（1）人格结构的各要素完整统一。

（2）具有正确的自我意识，不产生自我同一性混乱。

（3）以积极进取的人生观作为人格的核心，并以此为中心把自己的需要、愿望、目标和行为统一起来。

当然在实际生活中，人的人生观、信念、需要、动机、思想、目标、行为和其他人格特征也会发生变化，但是，这种变化是具有统一性和协调性的，而不是杂乱无章的。假如有的人不能够用自己的人生观和信念把自己的人格特征统一起来，那么他所想的、所说的和所做的就会互相矛盾和对立，他的各种人格特征会互相抵触和混乱，他的心理就是不健康的。

5. 接纳自我

接纳自我是心理健康的重要条件。一个人是在与现实环境、与他人的相互关系中以及在自己的实践活动中认识自己的。心理健康的人对自己的认识，应比较接近现实，也就是有"自知之明"。对自己的优点感到欣慰，但又不至于狂妄自大；对自己的弱点既不回避，也不自暴自弃，而是善于正确地"自我接纳"。相反地，有的人自视甚高、妄自尊大、渴望去做那些永远无法实现的事，做不到就怨天尤人；或者自轻自贱，甚至对自己的命运也漠不关心；或者夸大自我的弱点，自惭形秽，不肯接纳自己，精神负担沉重，这些都是心理不健康的表现。

6．和谐的人际关系

人总是处在一定的社会关系中，始终离不开与别人打交道，和谐的人际关系是心理健康不可或缺的条件。其表现为：

（1）乐于与人交往，既有稳定而广泛的人际关系，又有知心朋友。

（2）在交往中保持独立而完整的人格，有自知之明，不卑不亢。

（3）能客观地评价别人和自己，善于取人之长补己之短。

（4）宽以待人，乐于助人。

（5）积极的交往态度多过于消极态度。

（6）交往动机端正。

另外，和谐的人际关系还表现为对其所归属的正当集体总是关心和爱护，有一种休戚与共的感情，必要时能够放弃个人的某些愿望去谋获集体的幸福。相反，如果人际关系恶劣，或者与集体格格不入，则无法在集体中生活；或者厌倦与人交往，没有友情喜欢孤独；或者不能容忍别人的过失与短处；或者无端地猜疑、憎恨和欺侮别人，这些都属于不健康的心理。在人群中有的人没有友谊和朋友，厌烦集体，长期地不与同事交往，不能以诚恳、友爱、宽厚的态度对待别人，甚至怨恨和敌视他人，这就应该考虑他的心理健康问题，并给予及时的指导和帮助。

7．适应能力强

较强的适应能力是心理健康的重要特征。心理健康的人，能有效地处理与周围现实环境的关系。表现为能够与社会保持良好的接触，对社会现状有较为清晰正确的认识，思想和行为都能跟上时代发展的步伐，与社会的要求相符合；当发现自己的需要愿望与社会需要、与大多数人的利益产生矛盾时，能迅速地进行自我调节，以求与社会协调一致。而回避现实，妄自尊大，与社会和大多数人格格不入；或者为了私利而不顾社会公德，目无法纪，一意孤行，与社会需要背道而驰；或者与一般社会行为规范相互抵触，甚至敌视社会，采取反社会的态度，这些行为都是心理不健康的表现，严重的可能走上违法犯罪的道路。在人群中，确有与社会环境不协调的人，他们以自我为中心，视社会行为规范和法纪为束缚，我行我素，经常违犯纪律和道德，实际上是使自己处于社会环境的对立面，这是心理不健康的重要表现。

8. 心理行为符合年龄特征

人的一生，从出生到死亡，其心理行为是随着年龄的增长而会发展变化的。一个人的认识、情感、言行举止基本符合他的年龄特征，这就属于心理健康；反之，则属于心理不健康或心理异常。例如，大学生的年龄一般在20岁左右，其心理行为应当是精力充沛、活泼好动、勤学好问、追求新知、勇于创新。如果有的大学生暮气沉沉、老气横秋，或者像个儿童那样经常喜怒无常，或者处处依赖家庭，凡事毫无主见，离开父母便无法生活，这样的人就自然是属于心理不健康的人。❶

上述的心理健康标准仅反映个体良好地适应社会生活所应有的心理状态的一般要求，而不是最高境界。每一个人都应追求心理健康和心理发展的更高层次，充分发挥自己的潜能，促进自己的全面发展。

三、心理健康的意义

随着社会在发展，心理健康也越来越受到人们的重视，其意义表现为如下几个方面：

1. 心理健康是适应社会的基本条件

每一个人都是社会的一个成员，一个人只有适应社会，才能生存、发展，并对社会有利。心理健康的人，具有良好的社会适应能力，能够根据周围环境的变化随时调节自己的心理活动，减少心理机能紊乱，以充沛的精力从事社会实践活动；相反，心理不健康的人，社会适应能力则被削弱甚至遭到破坏，无法调节内心世界的矛盾冲突和人际关系，甚至无法去适应正常的家庭和社会生活，给本人和他人造成痛苦，也给社会带来危害。因此，必须保持心理健康。

2. 心理健康对生理健康产生直接影响

心理健康与生理健康有着密切的联系。生理健康是心理健康的基础，而心理健康又对生理健康产生直接影响。大量的研究表明，在众多疾病的发生、发展和演变过程中，心理因素扮演着重要的角色。心理长期处于不健康的状态，必然会

---

❶ 林贵. 少年篮球运动员球感培养中几个理论问题的分析［J］. 体育科学研究, 2005(9).

导致人体生理上的异常或病变。现在把这类疾病称为身心疾病，如心血管病、胃肠病、癌病、哮喘病、糖尿病等，均与心理因素有关。

3．心理健康关系一个人事业的成败

美国教育家戴尔·卡耐基在调查了各界许多名人之后认为，一个人在事业上的成功仅有15%是由于他的学识和专业技术上都具有的优势，而另外85%是靠良好的心理素质和善于处理人际关系。詹纳是1976年奥运会十项全能金牌的获得者，他从体育比赛的角度也作了类似的表述。他说："奥林匹克水平的比赛，对运动员来说，20%是身体方面的竞技，80%则是心理上的挑战。"可见，心理健康对一个人的事业成败有着多么重要的作用。

四、体育活动对身心健康的影响

身体锻炼是个体积极主动的活动过程，它可以有效地塑造人的行为方式，因而也能够促进个体的心理健康。可以认为，体育活动本身就是增进心理健康的积极的心理卫生措施。通过身体锻炼能给个体带来如下几个心理效应：

1．体育活动能获得良好的情绪体验

运动能带来流畅的情绪体验，这是一种理想的内部情绪体验状态。在这种状态下，人们能够忘我地、全身心地投入运动中，并产生来自活动过程本身的直接兴趣和享受。这是一种在学习、工作、交际中所无法产生的情绪状态。如：参与跑步者在跑步过程中会出现一种情绪高潮，有人称其为"体育锻炼快感"，即在跑步中出现良好的身心状态，自身与情境统为一体，动作轻松，忘却自我，充满活力，超越时空障碍；在跑完步后有全身放松的舒适感觉。❶这些愉快的体验是跑步运动风行世界，令诸多参加者着迷的原因之一。

一项关于运动锻炼与人的心理关系较为全面的调查表明，体育活动能带来主观良好感、焦虑、紧张、自信心、抑郁等变化，有60%～90%的参与者能获得良好的心理效应和感觉。

---

❶ 体育学院通用教材编写组. 运动心理学［M］. 北京：人民体育出版社，1989.

2．体育活动能治疗疾病

据国外媒体报道，许多国家已经将体育活动作为治疗心理疾病的一种方法。基恩调查表明，在1750名心理医生中，有60%的医生认为应将体育活动作为一种治疗手段（即宣泄疗法）来消除焦虑症，80%的医生认为体育活动是治疗抑郁症的有效手段之一。尽管目前对于一些心理疾病的病因以及体育活动为什么会有助于心理疾病消除的基本机制尚不完全清楚，但体育活动作为一种心理治疗手段在国外已经被广泛运用。临床研究表明，慢跑、散步等中低强度的有氧活动，对治疗抑郁症和抗抑郁的效能十分明显，能减轻患者的症状，增强患者的自尊心、自信心。因为抑郁是以压抑为主导的消极情绪状态，而运动是以兴奋和充满活力为特点的积极情绪状态。因此，抑郁者参与运动显然能产生积极的效应。

由于体育锻炼与抑郁、焦虑的降低有关，一个自然的推论就是，长期地参与体育锻炼对控制艾滋病病毒的发展有着积极作用。因为艾滋病患者往往在被告之患病后，首先是精神上的打击，丧失信心、情绪消沉，产生抑郁、焦虑等，而参与体育锻炼能间接地起到控制和缓解病毒发展的作用。

体育活动还可以为郁积的各种消极情绪提供一个发泄的机会，使遭受挫折后产生的冲动通过运动得以转移和升华，避免心理障碍的产生。

3．体育活动能消除疲劳

疲劳是一种综合性病征，与人的生理和心理因素相关。当一个人情绪消极时，或当任务的要求超出其个人的能力时，生理、心理都会很快变得疲劳。然而，如果在从事体育活动时保持良好的情绪状态和信心，就能延缓和减少疲劳。有研究表明，体育活动能提高诸如最大吸氧量和最大肌肉力量等生理功能，这就能够减少疲劳的产生。因此，体育活动对治疗神经衰弱具有特别显著的作用。

4．体育活动能增加社会联系

随着社会的发展以及生活节奏的加快，许多生活在大城市的人越来越缺乏适当的社会联系，读书的学生们整天埋在书堆里，中年人则忙于事业上的拼搏，而老年人常常与孤独相伴，社会联系甚少。体育活动是一种很好的增加人与人之间接触的形式。在活动中共同锻炼，相互竞争，团结合作，相互交流，可以使个体忘却烦恼和疲劳，消除自身的孤独感，使身心得到舒适的体验，产生良好的情绪状态。国内外的一系列调查研究表明，锻炼增加了个体与社会的联系，给个体带来心理上的舒适。国外学者谢非德研究认为，女性比男性在心理上能从社会联系中获得更多的受益。通过马塞等人的调查发现，外向性格者比内向性格者的社交需要更强烈，这种社交需要可通过跳舞、做操等集体性的身体练习活动得到满足。

五、学校体育培养学生心理素质的途径和方式

学校体育是促进学生德、智、体全面发展的重要手段。随着我国教育的重点由"应试教育"向"素质教育"的转移，加强学生的心理素质教育，促进心理健康教育的形成，已成为一个新的课题，有人对此做出了探索性研究，即在体育课中对学生进行成功体育、快乐体育、情绪感染、表象练习等教学，培养学生的自信心、锻炼其意志力、激发其好奇心，进行心理诱导等项目和内容的实验，并利用业余时间及风雨天的室内课进行心理健康教育。实验结果表明，这些项目和内容对学生的心理健康有着良好的促进作用。体育教学可以兼顾学生的身心发展，但不能自发地促进学生的身心健康。体育教师应树立全面的健康观，摆正健身与健心的关系，并在体育课的设计、组织教学及教法等方面上有意识地体现心理健康教育，这样才能促进学生的身心发展，全面完成各项教学任务。

第四节　高等艺术院校大学生体育锻炼的基本原则

体育锻炼以增进健康、增强体质、丰富文化生活为目的，使身体朝着更完善的方向发展。所以体育锻炼必须与掌握的体育知识、技能相结合，以科学理论为依据，遵循人体发展规律，否则就会适得其反。体育锻炼应遵循如下基本原则。

一、自觉性原则

人体的发展、身体素质的提高是一个长期的积累过程，只靠一朝一夕的努力是达不到的，因此体育锻炼需要自觉性。比如有的学校要求学生每早锻炼，这是在同学们尚未养成自觉锻炼习惯情况下的规定，其目的是培养同学们的锻炼

习惯。同学们开始也有一定的积极性，但当天气转冷、临近考试及学习任务加重时，就会退缩，自觉性不强。只有提高学生对体育的认识，明确锻炼目的，把自己的个人需要与社会承担的责任紧密结合起来，才会自觉地塑造自己成为德、智、体全面发展的人。❶ 经过锻炼并从中受益，如娱乐身心、增进健康水平等，才会把锻炼逐渐作为个人需要并自觉参加。

高等艺术院校中的大学生已经接受了十余年的体育教育，应该说对体育锻炼的认识和要求具有一定的基础，而且不少同学也已经养成了习惯，但是还有相当一部分同学不能自觉参与体育锻炼。在此希望这些同学赶快行动起来，当你从体育锻炼中获得快乐和健康时，它自然会成为你自觉的行动。

人体的活动由中枢神经指挥和控制。长期从事脑力劳动的人，中枢神经系统主管思维的大脑皮层会长期处于兴奋状态，会产生疲劳，导致效率下降，此时如适当进行体育锻炼，使大脑皮层得到抑制、休息，兴奋点转移至运动中枢，然后继续学习，其效率会得到大大提高。从一天正常的 8 小时学习与工作中抽出 1 个小时进行体育锻炼，其效果大于 8 小时内不间断地学习与工作。

二、全面性原则

人体系统上的有机体，各个组织、器官、系统之间相互联系、相互制约。体育锻炼的主要目的是促进人体体质的全面发展。虽然体育锻炼的形式、内容、手段是多种多样的，但在选择和使用上都不能脱离全面性原则，否则，将会导致身体发展不协调。比如目前很多年轻人注重去塑造自己的体型，喜欢健美运动，运用各种力量练习，发展身体各部分肌肉，使肌肉结实、比例匀称，但他们往往会忽视心肺功能、耐力的练习，造成心肺功能的发展落后于体型发展。这种锻炼是十分不科学的，也是不全面的。

《国家体育锻炼标准》在贯彻体育锻炼全面性原则方面则有着一定的要求。每一个参加者，必须在速度、耐久力、弹跳、投掷、力量等方面均达到最低标准，如果有一项没有达到最低标准，那么其他方面分数再高也不能评定达标等

---

❶ 中国篮球协会.篮球裁判员手册[M].北京:光明日报出版社,2008.

级。其指导思想就是要求参加者要进行全面的身体锻炼，得到自身的全面发展。全面锻炼不是要求每人从事所有项目的锻炼，而是通过某些项目的锻炼，使身体得到全面均衡的发展，尤其应当去注意身体薄弱环节的锻炼。

三、渐进性原则

人体为适应体育锻炼的需要，在其组织和功能上会发生一系列变化，这是一个逐步适应并且逐步提高的过程。人体这一生理特点要求人们在进行身体锻炼时要遵守循序渐进的原则，如果违背了这一原则，不仅收不到预期的锻炼效果，反而会有损身体健康，甚至会发生伤害事故。人体由静止状态进入运动时，不可能一开始就能发挥出机体的最高工作能力，需要一个逐步提高的适应过程，这是人体的基本活动规律。在体育锻炼时，运动负荷要由小到大，动作要由易到难、由简到繁。不仅在一次锻炼中要如此，在长期锻炼上也要体现循序渐进的原则，既不能急于求成、拼命蛮干，也不能长期保持、停滞不前。

四、经常性原则

"用进废退"同样适用于人类的体育锻炼。锻炼要"持之以恒""贵在坚持"，这是人们总结出来的宝贵经验。人体结构和功能的变化是逐渐积累、提高并完善的，只有坚持经常性的体育锻炼，才能使这些变化巩固和扩大。骨骼的坚实、韧带的牢固、肌肉的粗壮、肺活量的增大等状态都是通过肌肉活动进行反复多次的强化而实现的，只靠一两次锻炼是不可能实现的。如果断断续续地锻炼，而不是持之以恒的话，那么之前的作用痕迹已经消失，后一次的积累性影响就小了。研究证明，如果肌肉组织72～96小时不进行适当的负荷训练，肌肉就会逐渐变弱变小。但是如果每周一次力量训练只能使其保持原有力量，每周两次训练可以增加力量。只有持之以恒才能取得良好的锻炼效果。学生每周坚持两课、两操和两活动，即每人每天有一小时的体育活动，这都是有科学根据的，并符合经常性原则；相反突击性的锻炼和比赛对身体不仅无益，而且还容易产生运动损伤和过度疲劳。

五、差异性原则

人体生理结构虽然基本相同，但由于年龄、性别、身体功能、基本活动能力等方面存在个体差异，所以进行体育锻炼时，在选择锻炼的内容、方法、运动负荷等方面上也应有所区别，要因人而异，区别对待。比如采取男女生分班上课，就是因为看到男女之间的差异而采取的区别对待；再比如为体质较差的同学开设素质班，采取选项课等都是按照差异性原则进行区别对待的具体体现。个人进行体育锻炼时，也应注意这一点，特别是体质较弱和锻炼基础较差的同学更应如此。

体育锻炼的五项原则是相互联系、相互制约的、不能片面地强调某一原则，而应把五项原则紧密联系起来，只有这样体育锻炼，才能收到显著的效果。

第五节　高等艺术院校大学生体育锻炼项目的选择

体育锻炼所选择的项目不同、内容不同、方法不同，对人体产生的影响自然也就不相同。不同的运动项目、方法具有各自的特征，有的可以提高身体素质、增进健康；有的可以强身自卫、调节精神、丰富文化生活；有的可以防病、治病、消除生理功能障碍。每个参加锻炼的人应根据个人的年龄、性别、身体条件、兴趣爱好、专业需要和时间、场地、器材等情况，选择锻炼项目、时间和方法。❶

一、体育锻炼的时间选择

什么时间进行体育锻炼效果最好，由人体一天中的生理变化规律和每天工作、学习、生活时间的安排及锻炼目的等决定。

有人认为清早锻炼最好，其实不然。人体刚从睡眠中醒来，机体没有达到最佳的工作状态，特别是从晚饭到清晨有十余个小时，人体能量贮备较低，因此晨

❶ 全国体育学院教材委员会. 举重[M]. 北京：人民出版社，2008.

练运动量不宜过大。如果要进行时间较长、运动量较大的活动，如登山、越野跑等，应当补充一些富有热量的食物。早晨的空气质量相对也不好，清早锻炼应选择开阔地带，要远离污染源。对于有心血管系统病的人和年纪较大的人来说还要格外小心，清晨是心血管疾病的高发时间，尤其是在寒冷的冬季，血管变细变脆，更要注意。早晨适宜做慢跑、散步、早操等活动。

体育锻炼选择什么时间为好呢？

一是上午学习与工作两个小时以后，即大家常说的课间操、工间操时间。这时大脑会出现疲劳，尤其在多人听课的大教室中上课，经过两节课后，教室的空气质量很差，到室外进行广播操、韵律操，打拳，跳绳等体育锻炼对松弛高度兴奋的神经、产生愉快的情绪大有好处。此时进行锻炼可以使学生头脑清晰、思维灵活、记忆增强，为下一段时间的学习提供良好的条件。

二是下午课外活动时间，这是大学生进行体育锻炼的最佳时间。这时的空气较好，人体运动系统也进入最佳状态，适合进行荷负较大的体育锻炼，每天进行的一小时锻炼最好安排在这时。

此外，双休日和节假日的调整，给了人们更多的自由支配的时间，可以开展丰富多彩的体育活动，如郊游、爬山、滑雪、攀岩及各种各样的比赛活动。

有的同学还喜欢晚上进行锻炼，这种情况要自己去体会锻炼后睡觉质量如何，第二天醒来是否有精神。如果锻炼后很难入睡，大脑兴奋，就应该考虑重新调整锻炼的时间了。

二、体育锻炼项目的选择

（一）一般锻炼方法

1．跑步类运动

除了场地选择之外，时间也应选择在早晨或课外活动时间，每周应进行3~4次，短时间、快速跑可发展速度，长时间、长距离慢跑可发展耐力。具体说明如下：

（1）定时跑：如5分钟、10分钟、12分钟等，一般健康人应将其心率控制在140~170次/分为宜。锻炼初期和体质较弱者锻炼时间和跑的距离不宜太长，可根据身体状况逐渐增加次数、时间，加长距离，加大强度，也可走与跑交替进行。

（2）间歇跑：一种由跑的距离、速度、次数和间歇时间组合而成的跑的练习。例如，距离400米，要求90秒完成，次数3或4组，间歇时间为4～5分钟。间歇的时间可视心率的恢复情况而定，就是当心率恢复到120次/分左右进行下一组练习。这种练习对学生提高800米、1000米、1500米跑等达标测验项目的成绩都很有帮助。

（3）间距跑：由各种不同距离的跑组合而成，以达到发展速度和耐力的效果。例如：6×60米、4×100米、2×200米、4×60米×2组跑。每组之间的间歇时间可根据自己的实际水平去确定。

（4）变速跑：快跑与慢跑放松交替进行，水平差的可采取快跑距离稍短，慢跑距离稍长的方法。当达到一定水平后，可适当加长快跑距离，缩短慢跑距离。这种跑可发展耐力，提高心血管系统和呼吸系统功能。

（5）越野跑：在公路、田野、公园进行的自由跑，可随意变换跑速，距离也可视个人自身体力而定，但跑的距离要逐渐加长，循序渐进。要穿合适的、有弹性的鞋，并注意交通安全。

2．操类运动

广播操、健美操、韵律操可在早操或课间进行，如伴有音乐会使学生感到更轻松和愉快。做操时要注意动作的幅度和质量。健美操越来越向节奏快、力度大的方向发展，受到许多充满活力的青年人的青睐。它融健身、健心、健美为一体，对增强体质、塑造体型美有明显的效果。

3．太极拳

太极拳是我国传统的项目，它动作柔和，可使人体态舒松、呼吸自然并且运动量不大，尤其适合体质较弱的人锻炼，终身锻炼终身受益。锻炼时应注意基本功练习和动作的质量。

4．球类、器械类运动

球类、器械活动对发展灵巧性、速度、力量、耐力等有明显作用。应注意掌握基本技术、规划，器械练习应注意安全保护。

此外，游泳、爬山、自行车远行等也都是一些很好的运动项目。

（二）提高身体素质的锻炼方法

身体素质主要包括速度、力量、耐力、灵敏度和柔韧性等几个方面，其中力量、速度、耐力是最基本的三项身体素质。身体素质发展越充分，机体就能够发挥出越大的活动能力，表现出越好的运动技能。

1．速度素质

速度素质是指人体进行快速运动的一种能力。它的表现形式有反应速度、动作速度和位移速度等方面。反应速度是指人体对各种刺激发生反应的快慢，如短跑时从发令到起动的时间，它以神经过程中反应时为基础，反应时短，则反应速度快；反映时长，则反应速度慢。动作速度是指完成单个动作或成套动作的时间长短，如投掷运动员器械出手的速度，武术运动员冲拳、踢腿的速度等。位移速度是指在周期运动中，人体通过一定距离的时间，如跑步、游泳、速度滑冰等。

发展速度素质的方法有很多种，如听信号起动可发展反应速度，减轻器械重量可以加快动作速度的练习，下坡跑可以发展位移速度。在发展速度素质的同时，要注意力量、灵敏度和柔韧性等方面的发展，还要注意提高肌肉的放松能力。在校大学生（17～22岁）处在速度素质的发展和稳定增长时期，要抓住这一有利时机，加强发展速度素质的练习。

2．力量素质

力量是指肌肉紧张或收缩时表现出来的能力。这种能力按肌肉收缩的形式可分为静力性力量和动力性力量。

（1）静力性力量。是肌肉等长收缩时所产生的力量，即人体维持或固定在一定的位置或姿势，不产生明显位移的动作，如单杠悬垂，体操中的支撑、倒立等。

（2）动力性力量。是肌肉在等张收缩时产生的力量，人体产生明显的位移，使人体或器械产生加速运动，如跑、跳、投、游泳等。动力性力量又分为重量性力量和速度性力量。

①重量性力量，是动作的速度基本不变，由肌肉工作时所推动的器械重量来衡量力量的大小，如举重。

②速度性力量，是由人体或器械运动的加速度来评定的一种力量，靠肌肉的快速收缩，使重量衡定的人或器械获得加速度来衡量速度性力量的大小，如投掷、跳跃、踢跳等。

在此介绍一下用负重练习发展等张力量的练习手法：用接近本人极限负荷重量，重复1~3次，共2~3组，发展绝对力量；用中等负荷（60%~80%）重量，重复快速动作，发展速度力量；用轻重量尽量多次重复，发展力量耐力；用中小重量（大约只能重复8~12次的重量）使肌肉工作到极限，共3~5组，增加肌肉的围度。此外，还有等长力量练习，等动力量练习等方法。

（三）利用自然条件进行锻炼

利用大自然的日光、空气、水进行锻炼是非常有益的，尤其对长期在室内从事脑力工作的人来说更有必要。当代社会产生的"文明病"是由于人们长期远离大自然，神经系统与内脏器官功能紊乱所引起的。充分地利用自然条件进行锻炼，不仅经济方便，还可收到意想不到的效果。

1．日光浴

紫外线可杀菌，促进人体对钙、磷的吸收，促进新陈代谢和血液循环。日光浴应注意以下几点：

（1）选择适宜的时间。夏季最好在上午10点以前和下午4点以后，时间不宜过长。过量的紫外线照射对皮肤有害。

（2）尽量让皮肤暴露在阳光下。

（3）避免阳光直晒眼睛与头部，可戴草帽或墨镜。

2．空气浴

新鲜空气中氧气含量丰富，负离子含量多，对人体神经系统、循环系统、呼吸系统有良好的作用，加以低温刺激能改善体温调节功能。进行空气浴必须注意从温暖季节开始，逐渐过渡到冷空气浴，服装应尽量宽松单薄，尽量增加皮肤与空气的直接接触机会，并选择空气新鲜的场所。

3．水浴

水浴可分为热水浴、冷水浴和温水浴三种。热水浴和温水浴能够扩充血管，减弱肌肉张力，加速血液循环，消除疲劳。冷水浴能提高神经兴奋性，调节皮肤毛细血管的收缩与舒张，提高人体适应外界温度变化的能力，增强意志，提高自身抵抗疾病的能力，并能有效地增强心血管系统的功能，使血管的弹性增加，减少血管壁胆固醇的沉积。冷水浴还有助于防止动脉硬化，对促进健康和增强体质都大有益处。

冷水浴或冬泳应注意以下几点：

（1）根据个人身体条件区别对待。

（2）循序渐进，从夏季开始一直坚持到冬季。

（3）剧烈运动后、饭前饭后、发烧感冒时均不宜进行。

（4）进行自我医务监督。

第六节　体育锻炼计划的制订原则

体育锻炼应根据个人的具体情况、总的目标（如在多长时间内加强某项身体素质或掌握某项运动基本技能）而制订长远计划，再根据长远计划确定具体的月计划与周计划的安排。在锻炼计划中应包括以下几个部分：

一、根据作息时间合理安排锻炼时间

要根据作息时间合理安排锻炼时间，如早操、课间操等。内容可以相对固定，如早操、慢跑1500米、广播操一遍等。

二、课余锻炼

课余锻炼是在校大学生的主要锻炼时间，可以根据课程安排确定学生锻炼的时间、次数，再安排内容。例如，每周三次的课外活动，分别定在周一、三、五下午四点，内容分别是：周一，长跑，距离3000米；周三，篮球活动；周五，器械练习，包括卧推6组、腹肌力量练习6组、蹲跳6组等活动。

三、参加竞赛或班级体育活动

参加竞赛或班级体育活动，如班级篮球、排球赛或院系的单项竞赛、校运动会等。为参加比赛而进行集体或个人的赛前练习，也应有相对的锻炼计划。尤其是集体项目，如球类比赛、接力赛，更应有计划。计划一旦制订，就应克服困难去完成。而完成计划的过程也是对自己意志品质、集体主义观念的培养过程。❶

第七节　运动性疲劳的产生与消除

长期以来，人们曾从多种不同的角度去研究疲劳，探讨疲劳产生的机制，并提出了几种假说。如巴甫洛夫学派的"保护性抑制"学说、兰克等人的"堵塞"或"窒息"以及"衰竭"学说、"内环境稳定性失调"学说等。因此，人们对疲劳的认识在不断地深化。

一、运动性疲劳的生理本质

运动性疲劳是指人体运动到一定的时候，运动能力及身体功能出现暂时下降的现象。

运动性疲劳分为两个阶段：一是代偿性疲劳。这个阶段的运动能力靠增强中枢神经系统的兴奋性和机体其他系统更加紧张地活动得以维持，这时每一工作单位的能量消耗多，动作的结构也发生变化。例如，在步幅缩小的情况下，通过增加动作速率来维持跑速。二是非代偿性疲劳。这个阶段的特点是运动能力下降，尽管运动员越来越用力，但仍无法克服这种疲劳状态。

运动性疲劳是人体运动过程中发生的正常生理现象，对人的身体并无损害。它是一种警报信号，或者说是一种健康的保险阈。生理学家通过研究认识到，运动性疲劳是一种综合性的生理过程，它是以中枢神经系统的作用为主导，在中枢神经系统和周围组织的相互影响下，神经与感觉系统、运动系统、内分泌系统及内脏器官的活动间出现的复杂而相互联系的变化。

1. 运动能力与身体素质的变化是导致运动性疲劳的因素

人体的运动能力与身体素质、身体各器官系统功能有着紧密联系。

❶ 余丽华. 篮球[M]. 北京：北京体育大学出版社，2007.

身体素质就是人体各器官功能在肌肉工作中的综合反映。各器官功能的下降，必然影响运动能力与身体素质。譬如：长时间的肌肉活动导致肌肉功能下降时，力量、速度等当然也随之下降，于是在完成练习时，往往会由于力不从心而觉得疲劳；在耐力性运动中，如果心肺功能下降，承受耐力负荷的能力就会随之下降，机体就会疲劳而降低工作能力。

2. 体内能源贮备的减少和身体各器官功能的降低

当人体从事运动导致疲劳时，往往伴随体内能源物质的大量消耗，如极量运动2~3分钟至非常疲劳时，肌肉内的磷酸肌酸（能源物质）接近最低点；在长时间的持续运动中，由于糖的大量消耗，肌糖原及血糖均下降。能源贮备的消耗与减少，会导致各器官功能的降低，加之肌肉活动时代谢产物（如乳酸等）的堆积及水盐代谢变化等的影响，机体工作能力就会下降而出现疲劳。

3. 精神意志因素与疲劳密切相关

在运动中，人体各器官系统的活动都是在神经系统指挥下完成的，神经系统功能的降低会使得疲劳加深。例如，在一定强度和一定持续时间的体育活动过程中，会出现胸闷、呼吸困难、心率急增、肌肉酸软无力、动作迟缓而不协调、情绪低落甚至想停止运动等主客观上的变化，这种状态称为"极点"。此时，如果依靠意志力和稍缓速度继续运动下去，不久这种难受感觉会减轻或消失，动作会变得轻松有力，呼吸变得均匀自如，心率减慢，这种现象称为"第二次呼吸"。这样就可以推迟疲劳的出现或减轻疲劳的程度。

二、运动性疲劳的判断

科学地判断运动性疲劳的出现及其程度，对合理安排体育教学和运动训练具有重大的实际意义。有关评定方法也有很多，归纳起来可分为三个方面：

1. 观察法

观察运动员的表现，如出现表情淡漠、脸色苍白、眼神散乱、连打哈欠、反应迟钝、精神不易集中、情绪改变（易激动或沉默寡言）、运动成绩下降等现象，可初步判断为疲劳。

2．生理指标测定法

（1）闪烁值法：疲劳时，闪烁下降。

（2）膝跳反射阈法：疲劳时，叩诊四头肌腱，力量加大才会引起反射，即反射阈上升。

（3）呼吸耐力测定：连续测 5 次肺活量，每次间隔 30 秒。疲劳时，肺活量会一次比一次一下降。

3．疲劳的主观感觉

疲劳的主观感觉是：疲乏、腿疼、心悸，甚至头疼、胸闷、恶心等。

由于运动性疲劳时表现出运动能力下降、疲劳感和某些客观生理指标发生改变等，这些变化会随所观察对象的年龄、性别、训练水平、思想、情绪和运动条件等方面的差异而各有不同，所以不能单独只用一种方法去评定疲劳，只有综合观察才比较可靠。

三、运动中推迟疲劳出现的方法

在体育锻炼中，如果运动性疲劳出现得迟一些，对提高锻炼效果会有裨益，解决这个问题一般可从下列几个方法中考虑：

（1）长期坚持不懈地锻炼，努力提高自己的身体素质。

（2）合理安排训练的内容，避免因局部负担过重而产生局部疲劳。

（3）注意发展与运动项目相适应的供能能力。

（4）加强意志品质与心理训练，提高自身心理素质，有利于疲劳时精神意志因素的改善，从而推迟疲劳的出现。

（5）饮食营养的合理安排和科学的饮食方法对体内能源的贮备有着积极意义。

四、加速消除疲劳的方法

加速疲劳的消除，对提高机体工作能力以及提高运动成绩具有重要意义，同时也是预防疲劳的累积而导致过度疲劳的积极措施。一般我们可采用以下几种方法：

1．睡眠

如果没有充分平静的睡眠，就会产生休息不充分的问题。锻炼导致身体疲劳之后，保证良好而充分的睡眠是使身体可以得到恢复的重要措施。成年人每日一般要有7～9小时的睡眠，儿童需要的时间较成年人长，而老年人则较短。为了保证正常的睡眠，必须遵守一定的作息制度。

2．活动性休息

所谓活动性休息，就是指人们在休息时进行的其他活动，这也叫积极性休息。当局部肌肉疲劳后，可利用未疲劳的另一些肌肉进行一些适当的活动，借以促进全身的代谢过程，加速疲劳的消除；当全身疲劳时，也可通过一些轻松的和兴趣高的体力活动，来达到加速消除肌肉代谢产物的目的。因此，在体育课中应多采用转换活动内容的方法作为休息的手段。应当注意，作为活动性休息而安排的练习，应是习惯的练习，同时强度不应过大，时间不宜过长，否则将影响活动性休息的效果。

3．物理性恢复手段

按摩、光疗、电疗等，对促进疲劳肌肉的代谢过程、加速疲劳的消除都具有良好的作用。此外，吸氧、空气负离子吸入、沐浴（温水浴、蒸气浴、旋涡浴、海水浴等）、局部负压法、针灸、气功等方法，也有益于消除疲劳。

4．合理补充营养

为了补充因活动而消耗的物质、修复失常的体内机构和消除疲劳，补充适当的营养是非常重要的。通常需及时补充的物质有维生素（C、B1、B2、A、E）、糖、蛋白质以及矿物质（钙、铁）等。

5．心理调节

快乐的情绪可加速疲劳的恢复，例如欣赏优美的音乐、进行自我心理调控与放松调节等，都对体力恢复有着很大益处。

五、健身运动处方

运动处方是指以增强体质、增进健康、发展体能为目的而制订的一系列符合个人身体状态、针对性强而又行之有效的科学运动方法，运动处方以人体生理学为基础，主要采用中等强度有氧代谢为主的耐力性运动手段，重视运动实践过程的效果，是科学的体育锻炼方法。根据制订运动处方的目的，可分为健身性、预防性、治疗性、竞技性四种处方。

制订运动处方的程序：①通过体检和临床医学检查，了解锻炼者的一些情况（如性别、年龄、职业、病史、锻炼情况、食欲、睡眠、常用药等）及其身体健康状况（通过医学手段检测得到的生理、生化指标和各项身体素质水平）。②根据检测结果和锻炼者需求确定锻炼的目的，选择锻炼的方式。③按照科学锻炼的原则和方法制订运动处方。④实际锻炼。⑤锻炼一段时间后，再次检测健康状况，根据其承受运动负荷能力和体力状况所反馈的信息，去评价运动处方效果。⑥修订原运动处方和制订新的运动处方。运动处方的基本内容包括运动目的、运动内容的确定、运动负荷的安排及运动过程的要求等。下面介绍几种常用的运动处方：

1. 步行

（1）步行的特点与功能。

步行是一种简单易行的有氧锻炼方法。从形式上看，可以在平路、平路结合坡路或沙地上进行。步行的速度、幅度、时间决定着运动负荷的大小，通常安排在清晨、睡前或饭后（半小时）进行，地点可以选在湖边、公园、林荫道等环境优美、供氧充足的地方。步行是增强心脏功能的有效手段之一，并且减肥效果好。轻快的步行可以缓解神经肌肉的紧张度，对于整天伏案学习、以脑力思维为主的大学生来说，可使处于紧张状态的大脑皮层细胞得到放松。因此，步行也是一种非常好的积极性休息方式。

（2）健身步行方法。

当步行以健身为目的时，要求步幅增大，上体正直，注意力集中，速度逐渐加快，两臂前后摆动，并加大摆幅，呼吸保持自然。

（3）步行运动处方。

将不同年龄段所适宜的步行时间、距离等指标汇总，制成大学生步行预备性运动处方。

2. 慢跑

（1）慢跑的特点和作用。

慢跑也叫健身跑，不同于中长跑，慢跑是一种轻松、自如、随意的跑步，强度略大于步行。从运动医学角度看，慢跑比较安全并节省时间，健身效果好并且见效快，运动负荷容易控制，不会发生较大的运动损伤。因此，慢跑被列为有益健康、抗病延年的手段之一，并被国内外称为"有氧运动"之一。

（2）慢跑锻炼方法。

①走跑交替锻炼法。适合于缺乏锻炼者，一般可先走1分钟，再跑1分钟，交替1～2周后增加运动量。

②间歇健身跑锻炼法。这是慢跑与行走相交替的一种过渡性练习，适合于体弱者。一般从跑30秒、行走30～60秒开始，逐渐增加跑的时间，以提高心脏负荷。这样反复进行10～20次，总时间为10～30分钟，以后可根据情况逐渐加量。

③短程健身跑。可从50米开始，渐增至100米、150米、200米、400米。

3．骑自行车

（1）骑自行车的运动特点和作用。

自行车是一种经济实惠、普及性高的交通工具。中国是自行车王国，骑自行车健身具有广泛的群众基础。骑自行车可以说是融娱乐与健身为一体的高效的健身方法，它能提高心肺功能，锻炼下肢肌力和增强耐力，缺点就是受天气影响较大。

（2）骑自行车运动锻炼方法及注意的问题。

刚开始骑自行车，锻炼者蹬速应达到60次/分，同散步节奏。对于消遣骑车者来说，蹬速在75～100次/分最合适。计算蹬速，只需记下15秒内一条腿所蹬的圈数，再乘以4，就是每分钟的蹬速。

骑车锻炼时，注意不要溜坡滑行，而要掌握正确的骑车姿势，蹬出节奏（指每分钟一条腿蹬车的次数），并且要时刻注意安全。

（3）自行车运动处方。

自行车人人会骑，但若要想获得理想的健身效果，就应遵循科学的指导。

4．确定运动强度（生理负荷量）

运动强度对运动效果和人体运动安全有直接影响。运动强度的掌握是否合适，是制订和执行运动处方的关键。运动强度常用心率作为定量化指标，也可用跑速作为强度指标。运动处方规定的心率，多采用计数脉搏的方法来掌握（测10

秒脉搏数乘以6）。以健身为目标的耐力性运动通常采用中等强度的运动；体质健壮且运动基础好的年轻人，运动强度可稍大；放松性活动一般采用小强度的运动。肢体功能锻炼、矫正体操的运动强度及运动量应依肌肉疲劳程度而定，不用心率来判定。❶

5. 确定运动时间（每次运动时间）

健身运动时间不得少于5分钟，通常推荐为30～60分钟为宜。医疗体操可根据具体情况而定。运动强度和运动时间共同决定运动量。运动量确定后，运动强度大时，持续时间则较短。所以，采用同样运动量时，青年人或体质较好者的运动强度可稍大，持续时间相应缩短些；而中老年人或体质较差者，则适合进行较小强度的运动，持续时间要相对长些。

6. 确定频率（周锻炼次数）

每周锻炼的次数与运动效果密切相关。对运动员而言，每天安排一次训练是必要的，但以增强肌肉力量为目的的体育锻炼，无须每天进行，初始每周安排三次锻炼即可（隔天进行）。据有关学者研究，每天锻炼和隔天锻炼，其肌肉力量的增长效果是一样的。但耐力锻炼的效果与频率的关系是频率愈多，收效愈大。实践证明，以增强健康、保持体力为目标的体育锻炼，可结合个人的学习、生活和工作情况，每周3～5次为好，重要的是养成锻炼的习惯。

第八节　身体素质之柔韧素质

一、概述

柔韧素质是指人体完成大幅度动作的能力，即指跨过关节的肌肉、肌腱、韧带等软组织的能力。

柔韧素质一般分为动力（主动）柔韧性和静力（被动）柔韧性这两类。动力柔韧性是练习者依靠相应关节及肌肉群的积极工作所完成大幅度动作的能力；静

❶ 黄滨,奇那日图,李吉成.优化高师体育教育科学体系[M].长春:吉林科学技术出版社,2006.

力柔韧性则是借助外力使关节活动范围和韧带肌肉伸展幅度可以达到最大程度。

影响柔韧素质的主要因素：

1. 肌肉等组织的弹性

肌肉、韧带等软组织的弹性不仅取决于性别、年龄，也取决于中枢神经系统的兴奋性，情绪高涨时，柔韧性会得到提高。

2. 神经过程转换的灵活性

神经过程的灵活性直接影响到中枢神经系统调节对抗肌之间的协调能力，对人体肌肉的随意放松能力起重要作用。

3. 心理的紧张程度

心理紧张过程过长会使神经由兴奋转化为抑制，严重影响协调能力，从而影响柔韧性。

4. 外部环境的温度

气温在18℃以上是表现柔韧性的有利条件。一天内，中午是最利于发展柔韧性的时间。

5. 疲劳程度

人在疲劳情况下，主动柔韧性下降，而被动柔韧性提高。

二、发展柔韧素质的基本要求

1. 控制好柔韧性的发展水平

控制好柔韧性是为了满足专项运动的基本需要。柔韧素质如果过分地发展，会导致关节韧带的变形，影响关节结构的牢固性。

2. 兼顾各个相互联系的部位

通常柔韧性不仅仅是反映在某一关节或身体某部位上，而是涉及两个或多个关节或身体部位，如若发现其中某一关节柔韧性稍差，就应立即采取措施使其得到改善。

3. 练习应持之以恒

柔韧性提高快，但消退也快，因此练习必须持之以恒。

4．与力量练习相结合

柔韧性练习若安排不当，会影响力量素质的提高；反之，力量练习不当也会影响柔韧性的发展。要使柔韧性与力量同步发展，一要十分注意柔韧性练习之后的放松，二是要选择把柔韧性练习与力量练习结合起来的练习手段。同时，要注意练习时的外界温度和练习时间。

5．柔韧性练习要从小开始

儿童和少年的关节面角度大，软骨厚，关节韧带较松弛。这些特点决定了儿童、少年时期是发展柔韧性的大好时机，7～12岁则是柔韧素质的突增期。

三、发展柔韧素质的方法

1．柔韧素质练习综述

柔韧素质的基本练习方法是拉伸法。拉伸法又分动力性拉伸和静力性拉伸两种。这两种拉伸法又都可分为采用主动性和被动性两种练习形式。在运用拉伸时，应掌握好拉伸强度、重复次数、组数、间歇时间及动作要求。❶

强度主要反映在用力大小和负重程度两方面。无论是主动拉伸还是被动拉伸，其用力程度都应该逐渐加大，并且加大的程度要以人体自我感觉为依据，感觉疼痛即止。采用负重练习时，重量应控制在5千克以内。

练习重复的次数和组数，应当根据练习的不同阶段和不同部位而有所不同。发展阶段的练习次数和组数要高于保持阶段。练习时间可根据练习者的主观感觉去确定，当其感到基本恢复即可进行下一组练习。

柔韧性练习的动作幅度要逐渐加大，以尽量拉长肌肉和韧带。动作速度应快慢结合，以快为主。

2．发展柔韧素质的主要方法

（1）发展肩、臂、腿、脚等部位的主要方法：压、搬、劈、摆、踢、绷、绕环等练习。

（2）发展腰部的主要方法：体前屈、俯卧背伸、转体、甩腰、绕环等练习。

---

❶ 王岳云.大学体育教程［M］.广州：华南理工大学出版社，2006.

第九节　高等艺术院校大学生身体素质的转移及其运用

力量、耐力、速度、灵敏度和柔韧性等身体素质不是孤立存在和发展的，它们之间是相互影响、相互促进并且相互制约。在各种素质的发展过程中存在着大量的相互迁移现象。这种由于某一素质的发展影响到另一素质的发展的现象，就是身体素质的转移。❶

一、身体素质转移的类型

1.直接转移与间接转移

从身体素质在练习过程中转移的方式看，身体素质的转移可分为直接转移和间接转移两种方式。直接转移是指一种身体素质的变化直接引起另一种素质的改变，或在同一素质中产生直接的变化。例如，腿部伸肌动力性力量水平的提高，会直接导致跑步速度或跳跃动作速度的提高。间接转移是指一种素质的改变不能直接导致其他素质的改变，而只能创造发生变化的条件。例如，腿部静力性力量的提高，不能直接导致跑速的提高，但它能促使腿部的绝对力量的提高，逐步地转移为动力性力量，最终有利于跑速的提高。

2.良好转移与不良转移

从身体素质转移产生的效果看，身体素质的转移可分为良好转移和不良转移两种。良好转移是指某一素质的发展促进了另一素质的发展，如快速力量的发展，对于提高速度素质的作用是不言而喻的。不良转移是指某个素质的发展对另一素质的发展产生了抑制作用，如过度地发展耐力将使速度的发展停滞或者下降。

---

❶ 毛娟. 论瑜伽教育的健身育人价值[J]. 体育学刊, 2005, 12(6).

3．同类转移与异类转移

从身体素质之间的关系来看，身体素质的转移可分为同类转移和异类转移。同类转移是指同一种身体素质在各种不同运动形式中的转移。例如，举重能发展力量，进而也会提高田径投掷的成绩；游泳能提高耐力素质，进而也会促使田径长跑成绩的提高等。异类转移是指不同素质之间的转移，如力量与速度之间的转移，协调与力量、速度之间的转移等。

4．可逆转移与不可逆转移

可逆转移是指两种或两种以上素质之间可以相互转移，比如速度与力量之间。不可逆转移是指一种素质单向地向另一种素质转移，而不能双向相互转移。例如，速度素质在某些情况下可促进耐力素质的发展，而在高水平练习者身上耐力素质的发展却难以促进速度素质的发展。❶

二、运用身体素质转移方法应注意的问题

1．转移的效果与练习的负荷

"量的积累引起质的变化"这一规律同样适用于身体素质的转移过程。要使素质的积极转移得以发生，并可以获得良好的效果，必须要有一定量的练习。某一素质得到较稳定的发展之后，才有可能转移，其转移效果的巩固，又需要有一定量的练习才能实现。转移的效果，在一定限度内与练习量是成正比关系的。

2．预测可能的转移效果

在发展某一身体素质时，必须要预测可能的转移效果，这是避免不良转移的最好方法。在安排上，可以选择一些可产生良好转移的练习。

3．练习者的水平

对于初级练习者而言，力量的发展会有效地促进速度的提高；但是高水平练习者进行一般力量练习，就很难促进速度的提高。因此，不同水平练习者的练习手段也是不同的。

---

❶ 拉兹洛. 多种文化的星球 [M]. 戴侃, 等译. 北京:社会科学文献出版社,2004.

4．重视间接转移

身体素质的转移效果有些会很快地表现出来，有些则需要较长时间才能表现出来，即所谓的"延缓转化"。间接转移就是如此。在练习过程中，延缓转化与即时转化同样重要，因为这是一种"素质储备"。

第三章

高等艺术院校体育卫生保健发展

第一节　高等艺术院校大学生体育卫生规范

一、生活制度

生活制度是指在人的一天中，睡眠、饮食、学习、工作、休息和体育锻炼等各项活动的时间合理安排。

时间对于人类生命活动的效率具有重大的意义。如果人每天都在固定的时间里进食，就会产生固定的条件反射，消化器官会分泌大量消化液，以保证消化过程更有效地进行；如果每天有规律地在同一时间里进行脑力劳动（学习）或体力活动，那么就会大大提高脑力劳动能力和身体的工作能力。因此，保持生命活动有节律的作息制度，是使人体具有高度效能的重要条件之一。大学生良好的生活、学习作息制度要求做到以下几点：在严格规定的时间内完成各种活动内容，正确地交替劳动、体育活动、学习和休息，定时进食，睡眠充足。在学校里，如果保持良好的生活规律，不仅有助于大学生增进身体健康，还能促使学生把学习同体育活动很好地结合起来，从而可以得到全面的发展；而反之，在学习和工作岗位上，生活没有规律，不遵守作息制度，起居无常或劳作无度，不仅会影响工作能力，还会危害机体的健康，时间长了，就会积劳成疾。

经常熬夜也是一种不良的生活习惯。身体发育期的大学生如果经常熬夜，不仅会增加脑力劳动的强度，而且体力消耗会很大，并导致睡眠不足，进而会影响大脑功能，容易引发失眠和神经衰弱等病症，因而不宜提倡。

二、科学睡眠与健康

睡眠是人类消除疲劳、保持身体健康的生理功能指标之一，是人类的重要生理现象，是人脑和身体各器官的一种最基本的存在方式。著名生理学家巴甫洛夫认为：脑组织中存在着一种抑制激素，当抑制激素处于优质状态时就会向脑组织周围弥散，引起大脑皮层的普遍抑制，从而产生睡眠。当人处于睡眠状态时，一切的感觉功能和生理功能都下降到最低水平，人体似乎与周围环境暂时失去了联系。人在深度睡眠时，人的心脏活动减慢、变弱，血压降低，呼吸减慢，尿量减少，体温略有下降，代谢率偏低，整个机体处于调整和恢复状态之中。❶

一个人每天都必须要有充足的睡眠。睡眠时间的长短，要根据不同的年龄而定。一般来说，学龄儿童每天要保证10小时的睡眠，青少年每天要保证9小时的睡眠，成年人每天需要保证8小时的睡眠。

睡眠时间长并不就等同于休息好。衡量睡眠的标准主要是"质"和睡眠的深度，像"春眠不觉晓"那样，有深度而高质量的睡眠，一觉到天亮，才能有效地消除疲劳。在这种情况下，可适当地缩短睡眠的时间。

要想提高睡眠的质量，首先，要养成良好的生活习惯，每天按时睡觉，按时起床；其次，要为睡眠创造良好的条件，卧室要安静，空气要流通，光线要保持相对暗，被子要轻软暖和、清洁卫生。最后，要注意睡前不要喝浓茶、咖啡，不要吸烟，不要做剧烈运动，因为这些对大脑都有着刺激作用，容易引起兴奋。

失眠使人感到痛苦。引起失眠的原因是多方面的，有些大学生的失眠，往往是学习过量、看小说、打游戏、打牌、下棋、跳舞等行为过度而引起的。由于这些活动打破了正常的生活、学习规律，影响睡眠的节奏，精神长期处于紧张状态，导致大脑皮层的兴奋与抑制发生紊乱，最终造成失眠。

失眠往往不是一种孤立的症状，还可能与高血压、心脏病、神经衰弱等疾病有关。因此，失眠患者应及时去医院接受检查诊治，只要原发病治愈，失眠症状也会随之消失。要想睡得好，睡得甜，最重要的就是要安心。只有心"安"了，才能眠"静"。宋代蔡季通在《睡诀》中说的"睡则而屈，觉正在而伸，早晚宜时，先睡心，后睡眠"是很有科学道理的。所谓"先睡心"就是说睡前情绪要安静，不可过于激动，这样有助于很快入睡。

---

❶ 蔡俊生,陈荷清,韩林德.文化论[M].北京:人民出版社,2003.

三、养成良好学习习惯，摒弃不良生活习惯

1. 吸烟

50多年来，世界卫生组织和各国的科学家做了大量的社会调查和科学实验，证明吸烟对健康有着很大的危害。吸烟能诱发和加重多种疾病，降低人体的健康水平，甚至还会缩短人的寿命。

烟焦油中有多种致癌物质，还有一些放射性物质。国内外医学家认为，吸烟与肺癌关系紧密。另外，吸烟与喉癌、口腔癌、食道癌、胃癌等也有着一定的关系。

卷烟中含有大量的烟碱。烟碱，也叫"尼古丁"，其毒性很大，特别是对人体的神经系统和血液循环系统有危害。

吸烟时还会吸入其他多种毒素，如一氧化碳等。卷烟中还有大量的微尘，一支香烟中有几亿粒微尘，人们吸入大量的微尘，不断地刺激气管的黏膜，会引发咽喉炎、嗓子变哑、咳嗽和支气管炎等症状。

吸烟不仅害己，还会损人。一些不吸烟的人，如果经常处于烟雾弥漫的场所，就会吸入烟雾，这称为被动吸烟，而且被动吸烟危害很大。❶

2. 饮酒过量

酒的主要成分是酒精，也称乙醇。乙醇是一种有毒物质，如果大量的摄入，会毒害人体的组织细胞，对身体产生破坏作用。

人体的神经系统对酒精极为敏感，有些人饮了少量的酒之后，就会变得"健谈"起来，这是中枢神经系统功能失调的初期表现。

酒精对心脏的危害较大，长期的饮酒会致使心脏变形，失去正常的弹力而增大。长期饮啤酒人表现为心脏扩大明显，医学上称为"啤酒心"。酒精还会使血液中的脂肪物质沉淀在血管壁上，使血管变窄、血压升高并且增加心脏的负担。由于饮入体内的酒精有一部分是从肺以气体的形式排出体外的，故对呼吸道会产生一定的刺激作用，从而会降低呼吸道的防御功能。

---

❶ 柏忠言,张蕙兰. 瑜伽:气功与冥想[M] 北京:人民教育出版社,2000.

第二节　高等艺术院校大学生体育锻炼和卫生保健

体育锻炼和卫生保健是研究体育锻炼过程中影响人体健康的各种外界因素，以及人体与体育锻炼之间的相互关系的。根据实际情况，落实并实施在大学生体育锻炼中的各种卫生要求、保健要求和措施，帮助和指导青少年科学地进行体育锻炼，其目的在于增强体质、提高健康水平。

一个人的健康，包括身体、精神、环境适应三方面的良好状态。因此，人体是不断地和自然环境、社会环境相互作用的精神和身体的复合体。

一、良好的个人卫生习惯

1. 生活制度

科学、合理的生活制度，对人的健康、学习和工作都有着很大作用。每个大学生都应当有自己的生活制度，因为，医学上确认，人体的各个器官、系统的机能变化，均按生活制度而有规律、有节奏地发生相应的变化。如心率、呼吸、血压、血糖、血红蛋白、尿量、内分泌等，都是随人体机能的变化而增加或减少的。但如果生活制度紊乱，人体各器官、系统的生理功能就会失去平衡，抵抗疾病的能力下降，会直接影响人体的健康。但是，人的生活制度也并非永恒，随着大学生学习和工作任务的改变，生活制度也会相继改变。当然人的生活制度应当相对稳定，应当养成每天按时起床、锻炼、学习、工作、休息、就餐、体育活动、睡眠的习惯，并使其制度化。只有这样，才能拥有强健的体魄和充沛的精力。因为人的生活制度一旦稳定，并形成巩固的动力定型，体内的一切活动随生活制度产生相应的条件反射性的变化，此时会出现机能的节省化。

2. 大学生早操锻炼

早操锻炼即利用早操进行身体锻炼。为了消除人的抑制状态，早晨起床后应到户外进行早锻炼。通过早操锻炼可提高人体器官、系统的机能，为一天的学习、工作做好准备，但早操锻炼应根据个人的实际情况选择适合的项目和负荷量。

3．合理饮食

人类为了维持生命活动和健康，并需要保证生长发育和从事各种活动，每天必须从外界摄取一定数量的食物，且数量与质量应当适应人体在特定的生活、学习、工作和体育锻炼等条件下的需要，这种满足人体在不同条件下需要的膳食叫合理膳食；否则，人体的需要和供给就会失去平衡，长时间的失衡就会导致人体消瘦或肥胖，直接影响着人体的健康。因此，合理的膳食是维持正常生理功能、促进生长发育、增进健康、提高抵抗疾病能力的基本条件。

4．充足睡眠

充足睡眠是生命活动中的自然休息，是一种保护性抑制，约占一个人生命活动1/3的时间。它可使人大脑皮层的细胞免于衰竭，而且只有通过睡眠才能恢复大脑的功能。尤其是处于青少年生长期的大学生，每天一定要保证8~9小时的睡眠时间，否则会引起过度疲劳，影响其生长发育。研究结果表明，人体的生长激素是在睡眠中分泌的。为了保证良好的睡眠，晚餐不宜过饱，睡前不宜饮刺激性饮料，睡前1~1.5小时应停止体育锻炼。

5．正确认识皮脂腺和汗腺

皮脂腺分泌的皮脂对皮肤具有润滑和起到保护作用；汗腺分泌汗液，可调节体温和排出代谢产物。当皮脂腺和汗腺分泌受阻时，可引起毛囊炎、疖肿等疾病。因此，体育锻炼后为了清除代谢产物，确保皮脂腺的正常分泌，应当用温水和肥皂擦洗皮肤，但要避免用水温过热的水洗澡，以防皮肤过分脱脂而干燥。❶

二、心理卫生

心理卫生也叫作精神卫生。人类对感知到的环境刺激，不但要作出相应的生理反应，同时还要作出相应的心理反应。人的心理活动会影响人的生理活动，进而影响人的健康，因此，医学上非常重视"喜、愁、忧、思、悲、恐、惊"等七种情绪的致病作用。"笑一笑十年少，愁一愁白了头"，其实质也在于此。当人因为喜悦而欢笑的时候，对肺功能、肠胃功能、心脏功能、新陈代谢、免疫能力等

❶ 全国体育院校教材委员会. 篮球运动高级教程［M］. 北京：人民体育出版社，2000.

均有良好的影响，所以人们把高血压、消化性溃疡、支气管哮喘等与心理因素有关的疾病叫作"身心疾症"。良好的心理状态有助于身体健康。健身先健心，就是要培养良好的心理状态，克服生活、学习、工作、体育锻炼中的不良心理状态，这对提高学习、工作效率，增进健康极为有益。

三、客观环境卫生

地球上的一切生物都生活在地球的表层。有生物生存的地球表层叫作生物圈。这个生物圈就是人类的生存环境，它包括阳光、空气、水、土壤、食物等。人与环境是不可分割的统一体。环境能为人类造福，同时也能为人类带来不幸，由此可见，保护环境的意义重大。环境的异常变化，也会不同程度地影响到人体的正常生理活动，而人类具有调节自己生理功能以适应环境变化的能力。当环境的改变超过一定范围时，则可能会引起人体某些功能和结构发生异常的甚至病理改变。这种能引起人体发生病理变化的环境因素叫作环境致病因素，如阳光、空气、水、土壤的污染引起的公害问题以及职业病、食物中毒等疾病。

由此可见，环境污染对人类健康的影响是多方面的。维护和改变人类的生存环境，防止环境污染，向公害作斗争已成为保证人类健康生存的一项迫切任务。学校的校舍和校园卫生应经常保持清洁。清洁舒适的环境不仅有益于人体健康，而且可以创造良好的学习环境，因此艺术院校中的大学生应当在大学生活中养成良好的绿色生活习性。

四、丰富的营养卫生

人类生命的存在，包括人的生长发育、大学生体育锻炼和从事一切学习、生活活动都需要营养物质支撑，而营养物质是构成人类体质、供给热能、糖和调节生理功能必不可少的原料，体育锻炼必须建立在营养的基础上。丰富的营养必须合理，若营养过剩，热能呈"正平衡"，多余的热能转化为脂肪，时间久了就会使人肥胖，这是肥胖症的主要原因之一；若营养不足，热能呈"负平衡"，此时要消耗构成体质的营养物质，久而久之，使人体消瘦，造成营养不良，对人体健

康也不利。❶

1．人体需要的营养物质

（1）蛋白质。

蛋白质是生命存在的形式，也可以说，没有蛋白质就没有生命。蛋白质是由多种氨基酸组成的，氨基酸是人体中必不可少的，且多数在人体内可以合成，但有八种氨基酸不能在人体内合成，必须从食物中摄取。这八种氨基酸叫作必需氨基酸，它们分别是赖氨酸、色氨酸、苏氨酸、蛋氨酸、亮氨酸、异亮氨酸、苯丙氨酸、领氨酸。蛋白质的结构形式很复杂，其功能主要是：

①构成体质和修补组织。人体各组织的细胞均由蛋白质组成，如细胞原生质的80%是蛋白质。

②调节生理功能。人体内的氮平衡、渗透压的平衡和酸碱的平衡均离不开蛋白质。蛋白质缺少时，以上平衡均会失调。

③供给热能。蛋白质虽不是供给热能的主要物质，但是人体总热量的10%～14%是由蛋白质供给的。

蛋白质的供给因年龄、工种、运动强度、生理状况而有别。青少年蛋白质的供给量要相对地多一些，一般1千克体重需供给1.5～2克蛋白质。鸡蛋、牛奶、大豆、瘦肉中含蛋白质较多。缺少蛋白质会导致青少年生长发育迟缓、体重下降、智力发育障碍、记忆力减退或者免疫能力下降，严重时还会引起水肿。

（2）脂肪。

脂肪是人体中的重要组成部分，由甘油和脂肪酸组成，其主要功能是：

①构成体质。脂肪是构成组织细胞的主要成分之一，如磷脂、糖脂、胆固醇等。

②保温与调温。皮下的脂肪对人体具有隔热保温的作用，随气候的变化，冬季可增多，夏季可减少。

③促进脂溶性维生素的吸收和利用。凡是脂溶性维生素必须要有脂肪参与才能溶解吸取，如维生素A30、维生素K、维生素E等，缺少脂肪则不能被吸收。

④供给热能。脂肪是一种高热能物质，1克的脂肪能产生9卡热能，是糖和蛋

---

❶ 殷玲玲.游泳［M］.桂林：广西师范大学出版社,2000.

白质热能的2倍多，但脂肪耗氧量多，易欠氧债。

脂肪供给不宜过多，1千克体重日需1~2克脂肪，冬季可以适当增加。摄入脂肪过多，易导致肥胖，极易诱发高血压、冠心病、高血脂等疾病。

（3）糖。

糖是葡萄糖、果糖、蔗糖、乳糖、淀粉、纤维素、果胶的总称，也叫作碳水化合物。它由C、H、O三种元素组成。糖是人体中最主要的能源物质，人体总热能的60%~70%来自糖。糖具有放热快、耗氧少、经济实惠等优点。糖的来源最广泛，五谷杂粮、薯类、根茎类、瓜果类中均含有大量的糖。

糖虽是供热能的物质，但它也是细胞膜、神经组织、结缔组织、抗体、酶、激素的组成部分，并参加脂肪、蛋白质在体内的代谢过程。青少年消耗的热能较多，若缺糖会影响正常生长发育，但食糖太多也会导致肥胖。人每公斤体重日需4~6克糖，参加体育锻炼可适当增加。

（4）维生素。

维生素是一种生物催化剂，在人体内它既不构成体质也不供给热能，只有调节生理功能的作用。维生素是一种有机化合物，其种类很多，按其性质可以分为两大类：一类是脂溶性维生素，如维生素A、维生素D、维生素E、维生素K等；另一类是水溶性维生素，如维生素B、维生素C、维生素PP等。维生素大部分在体内不能合成，必须从食物中摄取。维生素的需要量并不多，但人体缺少维生素会引起各种疾病。若缺少维生素A会患有夜盲症，缺少维生素C会得坏血病，缺少维生素B会引起贫血等。维生素的分布很广，五谷杂粮、动物内脏、水果、青菜等食物中均含有大量的维生素。人只要不偏食的话一般不会缺少维生素。

（5）无机盐。

人体内的元素除了碳、氢、氮以有机化合物形式存在外，其余的元素大多以无机盐形式存在，如钙、磷、钾、钠、镁、硫、氯等七种元素。含量极少的元素叫作微量元素，如铁、锌、碘、氟等14种元素。无机盐约占体重的5%，它是构成体质、调节生理功能的物质，其中钙、磷的含量最多，约占70%。钙、磷不但是构成骨和牙齿的主要成分，而且还能调节体内体液的渗透压和PH酸碱度。铁的量虽然少，但参与血红蛋白的生成。60%~70%的铁存在于血红蛋白中。人体缺钙、磷就会发生软骨病，缺铁则会发生贫血病。

为了保证人体内有足够的钙、磷、铁、锌等，可多吃一些奶类、瘦肉、海产类、动物肝脏、水果和绿色蔬菜等。

（6）水。

水是构成体质的主要成分，占体重的60%～70%；水也是一种化学媒介，是许多无机盐的溶剂；水还有运送体内物质、保证腺体分泌、调节体温和润滑等作用。缺少水会影响人体的正常生理功能，但饮水过多又会加重心脏负担，所以一天饮水量在1000～1500毫升即可，排汗多时可适当增加。

大学生在体育运动中或运动后不宜大量的饮水，以免增加心脏负担，尤其不能饮冷水，否则会引起胃痉挛。运动后经过一段时间休息再饮水最佳，同时，建议饮用温热盐水。❶

2. 青少年的营养卫生

青少年大学生正处于生长发育阶段，是长身体、长知识的时期，所以营养对青少年有特殊的意义。❷

（1）各种营养物质的调配要合理。

一般人体糖、脂肪、蛋白质的比为4∶1∶1，因为青少年消耗的热能较多，因此糖的比重可适当加大。为了保证足够的蛋白质、钙、铁、锌、维生素A、维生素B1、维生素B2、维生素C摄入，青少年每天应吃谷类食物500克、新鲜蔬菜500克、食油10克、黄豆和动物肉类约75克、薯类100克，有条件者可吃鸡蛋1个、牛奶250克、动物肝脏25克和适量的水果等。

（2）食物应多样化。

为了发挥不同食物所含营养在体内的互补作用，绝不可以偏食，应多种食物混合食用，否则会引起营养缺乏症，直接影响到青少年的生长发育。目前，青少年偏食现象较为严重，应予以纠正。

（3）养成合理的饮食习惯。

青少年的进食一定要定时定量，不应暴饮暴食。饮食过饱会超过胃的正常容量，会使胃突然扩张，影响肠胃蠕动和胃液分泌从而引起消化不良；但也不应节食，目前有些女青少年为减肥，控制进食量，这样不仅有害于身体健康，而且对

❶ 张宏成. 篮球［M］. 苏州：苏州大学出版社, 1996.
❷ 袭长城. 现代篮球实用知识问答［M］. 沈阳：辽宁科学技术出版社, 1993.

学习、体育锻炼也不利。一日三餐应当做到早晨吃好，中午吃饱，晚上吃少。

营养卫生十分重要，人们常说的，"病从口入"。在当代人的生活中，有害于人体健康的物质往往是通过食物进入人体的。食物本身虽不含有害物质，但由于空气、水、土壤的污染，食物从种植到收获、捕捞、生产加工、贮存、销售、烹调、食用等都遭受不同程度的污染，人吃了后则会发生食物中毒。经检查发现，生吃的蔬菜、水果等大肠杆菌的检出率高达90%。因此，青少年应当养成良好的卫生习惯，如饭前、便后要洗手，不喝不清洁的生水，不生吃蔬菜，吃水果削皮等，这样可减少疾病的传染。

第三节　高等艺术院校大学生青春发育期卫生

一、科学、正面对待"性"知识教育

为了艺术院校青少年大学生的健康成长，"性"教育已成为当代教育学的重要内容之一，同时也是家庭、学校、社会教育的一个组成部分。青少年从青春期进入到青年期，生殖器官及其功能都已发育成熟。若缺乏有关的性知识，可能会陷入好奇、迷惑、恐惧、焦虑之中。此时，因对异性产生了神秘感和好奇感，这种生理上的冲击力与青少年相对薄弱的道德观念、意识之间的矛盾比较突出，可能出现越轨行为，极少数的人还可能犯罪。其原因就是缺乏"性"知识、性道德和性法制教育，这是当前家庭、学校、社会迫切地要解决的问题。其实"性"教育应当在青春期到来之前进行，要让他们知道性行为是人的一种"本能"，但是，心理、社会、遗传、疾病等因素都会影响和破坏这种"本能"，所以必须要正确对待。性问题与恋爱、婚姻、家庭、人格、尊严、道德都有着密切的关系，因此，应将"性"教育与道德品质教育同步进行。

二、艺术院校大学生青春发育期特点

青春发育期是性发育成熟的一个阶段，此时的性器官发育成熟、完善。青春发育期前，男女的体型无显著差异；青春发育期，由于性激素刺激，全身各个器官迅速发育，尤其是性器官的发育，促使性腺（睾丸、卵巢）产生生殖细胞（精子、卵子），并分泌性激素（雄性激素、雌性激素）。在性激素的作用下出现了男女性征继发性特征——第二性征：男子会长出胡须和体毛，甲状软骨突起，声调低沉，阴毛与腋毛浓黑，肌肉发达，生殖器官增大，睾丸成熟产生精子，并出现遗精；女子声调高而尖，皮肤嫩润，皮下脂肪增多，乳腺发育，乳房膨大，乳头突出，骨盆增宽，阴毛、腋毛浓黑，并会出现月经。❶

1. 月经和月经期卫生

青春期女性生殖器官包括卵巢、输卵管和子宫，位于盆腔内。子宫呈梨形囊状，在直肠与膀胱之间，子宫的正常位置是靠腹腔压力和骨盆支持。女子12～14岁开始出现月经，第一次来月经称月经初潮。月经是女性进入青春发育期的标志，是一种正常的生理现象。一个月经周期一般为28天，有时也会缩短或延长，但只要在21～40天内均属于正常。月经可持续35年，约占一生1/2的时间。女子的运动能力一般随月经周期的变化而变化。月经周期分为三个阶段：

（1）月经期。

月经期是指子宫内膜破裂形成阴道出血，排血量约50～100毫升，历时3～5天，月经期运动综合能力最低。

（2）增生期。

增生期是指月经停止后的10天左右，此期间破裂的子宫内膜逐渐增生修复，卵泡逐渐形成，卵细胞渐成熟。

（3）分泌期。

月经周期14天左右，成熟的卵子开始通过输卵管向外运送，称为排卵。此期间若遇精子则可受精，子宫内膜不再破裂；若未受精，卵子则排出体外，子宫内膜增生的组织破裂，形成月经。

从事体育锻炼，常因身体的不适应而引起月经周期紊乱，表现为排血量过多或过少，月经周期延长或缩短，甚至闭经，若无病变均属于功能失常。另外有的女子在月经前会出现腹胀、腰酸、乳房胀、腹泻、便秘等反应，加之大脑皮层兴

❶ 毗耶娑. 薄伽梵歌［M］. 张保胜，译. 北京：中国社会科学出版社，1989.

奋性降低，因而会出现疲倦、嗜睡、情绪急躁等现象。有的女子出现痛经，即月经期或经前、后出现腹痛。若月经初潮就痛，多属于原发性痛经，常因过度紧张或宫颈狭窄引起；若是后来发生痛经，多因生殖器官有炎症或其他疾病所致，需要进行专科检查治疗。

为确保女子的经期卫生，经期应该注意：

①避免精神和体力过度疲劳，禁止剧烈运动。可作一般的身体活动，以促进盆腔血循环，促使经血畅流。

②注意防寒保暖。寒冷刺激易引起子宫、盆腔内血管过度收缩，导致痛经和月经紊乱。

③节制食量，少吃或不吃刺激性的食物，保持心情舒畅，精神愉快，勿急躁发脾气。

④注意个人阴部卫生，每日清洗一次外阴部，切勿游泳，内裤及卫生用品应勤换勤洗。

2. 遗精

遗精即指男子在非性交活动状态下的射精。遗精是男性的生殖腺开始成熟并进入青春发育期的标志，是男性未婚前的正常生理现象，凡因遗精造成的恐惧和紧张心理都是不必要的。男性的精液聚积到一定数量后，就会通过遗精而排出体外，这就叫作"精满自溢"。引起遗精的原因很多，外界刺激、社会影响、局部刺激、俯卧睡眠、包皮过长或做梦等情况均会引起遗精。如果一个月遗精 1~2 次，对身体的健康不会有影响；若遗精过频，1~2 天遗精一次，或一有性冲动就排精，即属于不正常。

第四节　高等艺术院校大学生女性体育卫生

一、大学生女子的生理特点

1. 体型特征

女子的脊柱较长而四肢骨较短，故上身长、下身短。青春期后形成上体长而窄、下肢短而粗、肩窄盆宽的体型。该体型的特点使女子重心低，稳定性高，且有利于做平衡动作，但对运动速度和跳高、跳远等动作则稍有不利。

2.体脂特征

女子的体脂约占体重的25%，而男子只有15%；女子的皮下脂肪的沉积约为男子的2倍，尤其是在胸、臀及腿部这几处位置。而女子较厚的脂肪层可保温，又有很好的缓冲保护作用。

3.肌肉力量

女子的肌肉力量一般都低于同龄男子，特别是在速度力量（爆发力）上更为明显。女子在完成同样负荷练习时比男子的速度要慢，而以同样的速度练习，女子表现出的力量也比男子小。

4.氧运输系统

女子呼吸肌的力量相对于男子来说较差，加之气道阻力大，因此女子的肺通气量及肺活量等均小于男子；同时，女子的血红细胞、血红蛋白总量以及心脏的重量、容积、每搏输出量、每分输出量等方面数值均比男子低，故女子的氧运输能力差，尤其在运动时差别较为明显。女子体内的碱储备和保持PH酸碱度相对恒定的能力较低，故耐酸能力差。

二、大学生女子体育卫生

女子进行体育锻炼不但可以增进健康，而且还有其特殊的意义。体育锻炼对保持女性子宫的正常位置的分娩有较大的作用，对下一代的健康有直接的影响，但女子在体育锻炼时需要注意：

（1）女子进入青春发育期后，由于身体形态、机能、素质、心理、生殖系统等方面发生很大变化，因此，体育锻炼项目的选择和运动负荷量的安排应当区别于男子，并要符合女子的特点。

（2）女子心血管系统、呼吸系统、运动器官系统的机能均不及男子，所以绝不能与男子等同对待，体育锻炼时必须注意男女有别。

（3）女子肩带窄，肌肉力量差，有氧与无氧代谢能力较差，因此，不宜去做单一支撑、悬垂摆动。

（4）女子肌肉的薄弱环节是肩带肌、腰背肌、骨盆后肌和骨盆底肌，所以在体育锻炼时要加强这些肌肉力量的发展，这样有利于子宫正常位置的维持。❶

三、大学生女子月经期的体育卫生

大学生月经期的体育锻炼适当与否，会影响到女子的健康。月经期既不能什么活动都不参加，也不能运动量过大。身体健康、平时有锻炼习惯、月经正常、经期无不舒服之感觉，在这些条件下月经期也可适当参加体育活动，但运动负荷量要小；若平时无体育锻炼习惯，月经期进行体育锻炼应特别注意，以免引起不良反应。月经初潮后1~2年的少女，由于其腺性分泌周期还未稳定，经期往往不准，故在体育锻炼时只可做一些缓和而轻松的活动。为此，月经期应当做到：

（1）不剧烈震动的跑、跳动作和静力性的憋气动作，如中长跑、快速跑、跳高、跳远、举重、负重蹲起、排球的扣球、篮球的跳投等运动。

（2）在月经期若出现痛经、腰背酸痛、下腹痛、经血过多或过少、经期延长或缩短、盆腔炎症等情况，均应停止一切体育活动。

（3）女子月经期间一般应当停止游泳，以免引起子宫颈挛缩、影响行经或细菌侵入发生炎症。

（4）一般女子月经期不宜参加体育竞赛活动。若平时有参加训练和竞赛习惯者，也可以参加，但应要特别注意。❷

---

❶ 黄心川. 印度哲学史［M］. 北京：商务印书馆，1989.
❷ 中国篮球协会. 篮球规则［M］. 北京：光明日报出版社，2009.

第四章

高等艺术院校大学生
在体育运动中损伤的防治

第一节　运动损伤防治概论

高等艺术院校中大学生由于受到专业特性的限制，长时间绘画或创作，这可能造成部分大学生有着肩、颈、腕的损伤，需要在日常的体育运动中进行科学的预防与防治。

运动损伤学是运动医学的重要组成部分，它主要研究运动损伤的预防、发生规律、诊断、治疗和康复，通过总结损伤发生的原因、治疗的效果以及重新恢复训练的时间及能力，保证运动训练的正常进行，为提高运动成绩提供了科学依据和指导。

运动损伤是指在体育运动的过程中或是因体育运动因素而导致的各种损伤。它不同于一般的创伤，它的发生是与运动训练安排、运动项目与技术动作、运动训练水平、运动环境与条件等因素息息相关。运动训练引起的微细损伤以及慢性劳损往往都与运动项目的特殊技术要求相关，当专业的运动员从事专项运动时，往往就会出现一定的病征、损伤并且很有可能逐渐发展严重，而当专业运动员停训或结束专业运动员生涯时，他们的伤情就会减轻或者逐渐得以改善，因此有人将这类慢性损伤称为运动员的"职业病"。在各类运动专项中，各类急性损伤的发生也各有各的特点，如在运动中，以各种形式造成的擦伤、挫伤最为常见，这种与专项技术要求密切相关的急性损伤，有人将其称为专项运动的"技术损伤"。

在发生运动损伤之后，运动员则无法参加正常的训练和比赛，从而会妨碍运动成绩的提高，缩短运动寿命或者过早地结束运动生涯。严重的损伤，有可能会引起运动员的身心残障，甚至会造成死亡事故。因此，无论是教练员或者是运动员，都有必要去学习并且熟练地掌握运动损伤学的知识和技能，要充分地认识运动损伤预防的重要性和意义，掌握运动损伤的发生规律、特征、预防、诊断、康复和急救原则等知识，尽最大限度地去避免或减少运动损伤的发生，一旦发生损伤，便能采取一定措施使运动员能够及时得到治疗与康复。❶

---

❶ 单清华. 瑜伽文化足迹及现代健身价值研究［J］.体育与科学,2009,30(5).

一、运动损伤的分类

下面介绍的是几种常见的运动损伤分类法。

1．按照受伤的组织结构分类

皮肤损伤、肌肉肌腱损伤、关节损伤、滑囊损伤、骨损伤、骨骺损伤、软骨损伤、神经损伤、血管损伤、内脏器官损伤。

2．按照伤后皮肤、黏膜是否完整分类

（1）开放性损伤：伤后皮肤、黏膜的完整性会被破坏，有伤口与外界相通。如擦伤、刺伤。切伤、裂伤、开放性骨折等，这类损伤有伤口和出血，应注意抗感染和止血。

（2）闭合性损伤：伤后皮肤、黏膜仍保持完整，无伤口与外界相通。如挫伤、肌内拉伤、关节扭伤、腱鞘炎、闭合性关节脱位与骨折等，这类损伤无法直接看到，一般都有出血，应注意尽早地作出正确诊断和止血。

3．按伤情轻重分类

（1）轻伤：伤后基本能按照原计划进行训练。

（2）中等伤：伤后不能按照原计划进行训练，需暂停或减少其患部训练。

（3）重伤：伤后完全不能训练。

4．按损伤病程度分类

（1）急性损伤：由于一瞬间或一次性遭受直接或间接暴力引起的损伤。

（2）慢性损伤：因多次微细损伤、局部过度负荷而逐渐积累的劳损，或是急性损伤处理不当或损伤未愈再伤逐渐转变所致的陈旧性损伤。

二、运动损伤的发生规律及预防

1．运动损伤发生规律

在运动中，损伤发生率是较高的，特别是专业运动员的损伤发生率会相对其他人更高。从损伤发生部位特点来看，运动中的损伤几乎是遍及全身的。其中以头面部的鼻黏膜损伤出血为最多，其次是身体各个部位的擦伤尤其是小腿部位的擦伤。在上肢损伤中，以肩关节脱位、肩袖损伤、肘内侧软组织拉伤、指间关节损伤最为多见；躯干损伤中以胸肋部挫伤、腰背肌肉筋膜损伤最多；下肢部位最常见的就是小腿部擦伤、膝关节内外侧副韧带损伤、踝关节扭伤、足背挫伤及足舟骨和足跖骨骨折。

（1）从损伤发生的场合特点来看，运动损伤大多数都发生在训练中，约占72%，在比赛中造成的损伤约占28%。在训练课中发生的损伤，急、慢性伤都有，但是慢性伤和劳损较多；在比赛中发生的损伤，则以急性损伤为多，少部分是因旧伤复发或加重。

（2）从损伤性质特点来看，绝大部分为软组织损伤，包括肌肉、韧带、肌腱、筋膜、关节囊、腱鞘、皮下组织，也有骨组织的损伤和内脏器官包括大脑的损伤，软骨损伤也不少见。由此可见，运动员的损伤种类比较多。

（3）从损伤发生的原因来看，预防知识掌握的不足，对损伤发生的可能和损伤发生后应采取的临时急救处理、伤后训练安排和康复训练不够重视，从而致使伤害事故的不断发生；准备活动存在问题、训练或比赛组织安排不当、训练水平包括心理素质存在问题、身体机能状况不佳、不合理或未使用护具、场地有问题等也是造成损伤的重要原因。

2. 运动损伤预防

（1）积极、认真地对运动员开展预防运动损伤的宣传及教育工作，并采取各种行之有效的预防措施。

（2）重视准备活动。准备活动要足够充分，但其活动量不宜过大。准备活动应与专项运动的基本内容相互结合，控制好准备活动与正式运动之间的时间间隔。准备活动一般应当控制在15～20分钟，也可视运动员的个人情况稍加延长。准备活动与正式运动之间的间隔时间为1～4分钟。

（3）提高训练水平，加强易伤部位以及相对薄弱部位的训练，提高身体机能和承担运动负荷的能力，是预防运动损伤的一种积极有效手段。

（4）合理地安排训练和比赛。训练计划的安排要严格遵守科学训练的原则，参加比赛时应遵守比赛的规程和规则，比赛后应注意调整休息。

（5）正确使用护具，加强场地、器械的安全防护措施，强调即使是在训练时也必须佩戴护具。

（6）在生病、身体机能状况差时，不宜进行剧烈活动与比赛，这也是为预防损伤发生所采取的措施。

（7）认真仔细地填写损伤登记卡，定期进行统计分析与研究，即时做好预防工作。

三、急、慢性软组织损伤的处理

1. 急性软组织损伤的处理

急性软组织损伤的病理过程可分为组织损伤出血、炎症反应及肿胀、肉芽组织形成和疤痕形成这四个阶段。急性损伤起病急且病程短，局部病变常以变质和渗出为主，临床症状与体征较为明显。

按急性损伤的病理过程大致可以分为早、中、后这三个时期，处理这类软组织损伤的基本原则和治疗方案是：

（1）早期：指伤后的24小时或48小时内，组织出血和局部急性炎症期。这一时期的处理原则主要就是适当制动、止血、防肿、镇痛和减轻炎症。治疗方案是伤后即刻进行冷敷，加压包扎，抬高伤肢并适当制动。一般都是先冷敷，再加包扎，也可同时进行冷敷和加压包扎。加压包扎24小时后即可拆除，之后再根据伤情做进一步的处理。如外敷新伤药，疼痛重者服止痛片，淤血较重者内服铁打丸、七厘散等。

（2）中期：指伤后的24小时或48小时后，出血已经停止，急性炎症逐渐消退，但在伤部仍有淤血和肿胀，肉芽组织正在形成，组织正在修复。处理原则主要是改善伤部血液和淋巴循环，促进组织代谢，促进淤血与渗出的吸收，加速再生修复。治疗方案可以采用热疗、按摩、拔罐、药物治疗（如外敷活血生新剂）。同时，应当根据伤情去进行适当的康复功能锻炼，以保持机体神经及肌肉的紧张度，维持已建立起来的条件反射及各器官、系统的反射性联系。

（3）后期：指损伤基本修复，肿胀、压痛等局部征象已经基本消失，但是功能尚未完全修复，锻炼时仍觉疼痛和酸软无力。有些严重的损伤可能会因粘连或疤痕收缩，出现伤部僵硬、活动受限等情况。处理的原则是增强和恢复肌肉、关节的功能，如有疤痕硬结和粘连，应设法使之软化，松懈。治疗方案以按摩、理疗、功能锻炼为主，并适当配以药物治疗，如用旧伤药外敷或海桐熏洗药熏洗。

2. 慢性软组织损伤的处理

慢性损伤的病理变化主要是变性和增生两种。伤部长期代谢障碍引起组织形态和功能上的改变，伤员自我感觉伤部酸胀、疼痛并有活动不便、局部发凉等状况。

慢性损伤的处理原则主要是改善伤部血液循环，促进组织的新陈代谢，合理安排局部负担量。治疗方案与急性损伤的中、后期大致相同，但应当注意康复功能锻炼，治疗上以按摩、针灸、理疗、局部注射肾上腺皮质素等方法效果较好。

四、闭合性软组织损伤的冷、热、拔罐疗法

1. 冷疗法

冷疗法是运用比人体的温度低的物理因子（冷水、冰、蒸发冷冻剂）刺激来进行治疗的一种物理疗法。

冷因子刺激躯体可以使组织温度下降，周围血管收缩，明显地减少局部血流量以及充血现象，还可使周围神经传导速度减慢，因此有止血、退热、镇痛、防肿的作用。它可使肌肉的收缩期、松弛期及潜伏期延长，降低肌张力及肌肉的电兴奋性，因而还有解痉作用。

（1）冷敷法：将冷毛巾或者冰袋在损伤局部外敷，每次敷 20 ~ 30 分钟，也可用冰块按摩法或将伤肢直接浸泡在冷水中，但应缩短时间。

（2）蒸发冷冻法：利用一些易蒸发的物质去接触体表，吸收热能而使局部温度降低。常用的是烷类喷射法，喷射时喷出的细流应与皮肤垂直，距离皮肤30 ~ 40 厘米，喷射 5 ~ 10 秒，直到皮肤出现一层白霜为止。有时为加强治疗作用，间隙 20 ~ 30 秒后可再喷射一次。但喷射的次数不宜过多，以免被冻伤。

2. 热疗法

热疗法是运用比人体温度高的物理因子（传导热、辐射热）刺激来进行治疗的一种物理疗法。

热疗可以使局部血管扩张，促进血液和淋巴循环，提高组织新陈代谢，缓解肌肉痉挛，促进淤血和渗出液的吸收，因而会有消肿、散瘀、解痉、镇痛、减少粘连和促进损伤愈合的作用。

（1）热敷法：将毛巾浸透热水或热醋后放于伤部上，无热感时应马上更换，每次敷30分钟左右，每天1~2次，也可用热水袋热敷。

（2）蒸熏法：将配好的药物加入水后煮沸，将需治疗部位直接用蒸气熏。每次治疗20~40分钟，每天1次。此方法能使药物通过温热作用渗入局部从而起到治疗作用。也可以使用稀释的温热药直接浸泡伤处。

3. 红外线疗法

红外线由热光源产生。治疗时把红外线灯移至治疗部位的上方或侧方，灯距一般为30~50厘米。治疗时可适当调整灯距，一般以皮肤感到舒适温热、出现桃红色均匀红斑为合适，若过热或热感较差都应当去调整距离。每天1~2次，每次15~30分钟，15~20次为一疗程。

4. 拔罐疗法

拔罐疗法俗称"拔火罐"，是利用火的燃烧从而造成罐内负压，使罐吸附在皮肤上来治疗疾病的一种物理疗法。

拔罐时罐内形成的负压吸力较大，使局部毛细血管充血甚至破裂从而产生淤血，而淤血消退过程中的溶血作用，有利于机体功能的恢复。在穴位上拔罐时，对穴位产生一个刺激并有通经活络的作用。拔罐时局部皮肤会有温热感，有热疗作用。

拔罐方法是先在伤部取阿是穴及附近穴位，然后根据拔罐的部位去选择火罐的大小及留罐时间，面积大，肌肉厚的地方，选用大罐，留罐3~5分钟；面积小、肌肉薄的部位，宜用小罐，留罐10~20分钟。气候炎热时留罐时间应缩短，寒冷时可稍做延长。一般隔日拔一次，5~7次为一疗程。

点火一般采用"闪火法"。用一铁丝棒，一头缠上棉球，沾上酒精后点燃，然后伸入罐内旋转燃烧片刻，迅速抽出并立即将火罐扣在皮肤上。起罐时，一手按压罐口边的皮肤，另一手将罐扳斜，使空气进入罐内，罐便会自然脱落。切记不可强力硬拔，以免损伤皮肤。罐子拔上以后如病人感觉局部紧而痛，或者有烧灼感，应把罐子起下，检查是否有烫伤或皮肤过敏等情况。❶如果为烫伤，应另换其他部位；如果为皮肤过敏反应，不宜再拔。病人如果出现头晕、恶心、面色

---

❶ 林晓海. 瑜伽标准体式分布图解全书［M］. 北京：中国纺织出版社, 2009.

苍白，则应当立即起罐，让病人平卧休息片刻，喝点凉开水，即可恢复。起罐后皮肤出现发红、青紫，属正常反应；如若出现水泡，可用消毒针刺破，涂以紫药水。

五、保护支持带

1．保护支持带的作用

（1）使用保护支持带后可避免受伤韧带和其他组织的松弛，从而可保持关节的稳定性。

（2）限制肌肉、肌腱超常范围的活动，以免已伤的组织再伤，并让已伤组织适当进行休息，以利修复。

2．使用方法

运动中的保护支持带包括护具、粘膏、弹力绷带、纱布绷带等。保护支持带的使用应正确，否则就会产生相反的结果。总的原则就是关节能固定于相对适宜的位置，受伤组织不再受到牵扯，活动时不使疼痛加重。

在运动中常用的保护支持带的用法有：

（1）手腕部保护支持带，使用手腕部保护支持带的目的是保护掌指关节和腕骨、指骨。手腕部的保护支持带有多种。可采用弹性绷带或棉布绷带。其中最常用的一种是：先以环形包扎法由腕部开始，以"8"字形包扎法分别包扎第一、二、三、四、五掌指关节，最后在腕部做环形包扎并打结。在第一掌指关节做"8"字形包扎后，再分别包扎第二、三、四、五掌指关节。

（2）膝侧副韧带损伤粘膏支持带，先用两条宽度约4厘米的粘膏交叉地贴于膝关节的伤侧，再用三条粘膏分别横贴在髌骨、大腿和小腿中部，将前两条固定，然后戴上护膝或缠上弹力绷带。距腓前韧带损伤粘膏支持带用宽约2～3厘米的粘膏数条，将踝关节固定于外翻位，再用弹力绷带包扎。

（3）"足球踝"保护支持带，使踝关节保持直角，用普通的布带或弹力绷带从小腿内侧向外侧横扎后绕至足底，再从足内侧绕足一圈后，经足跟内侧绕向小腿，又经足背绕到足底，再经足跟外侧绕到小腿后面，最后环绕小腿以环形包扎法结束。

（4）足弓劳损粘膏支持带，用宽度大约4厘米的粘膏绕足弓部3～4圈。

（5）其他大腿肌肉处拉伤用护腿或弹力绷带包扎，腰部损伤用宽带围腰或皮围腰支持保护，腕部损伤用护腕等。

3．注意事项

使用粘膏支持带前应把局部汗毛剃去。选用粘膏的宽窄应与损伤部位相符，粘贴时要平整，粘牢。一般情况下，避免连续缠绕肢体，以免妨碍血液循环。受伤部位的支持带不应保留5天以上，需要时可重新粘贴。比赛时使用的，赛后应立即拆除。

第二节　运动中常见的运动损伤

一、开放性软组织损伤

1．擦伤

擦伤是运动中最轻并且也是最常见的一种开放性损伤。其中运动员脚趾、脚跟擦伤，或摔倒时擦伤最为多见。

（1）小面积、表浅、无异物污染的皮肤擦伤，在训练和比赛时可直接喷上"好得快"等同类药物后继续训练比赛，待比赛或训练结束后，先用生理盐水冲洗消毒，然后局部涂抹2%的红汞药水或1%～2%的龙胆紫液，不必包扎，但面部的擦伤最好不要使用龙胆紫等染色剂涂抹。

（2）关节附近的擦伤，不宜采用干燥暴露法治疗，干裂后既会影响运动又易感染，还有可能波及关节，所以可采用5%～10%的磺胺软膏或青霉素软膏涂敷。

（3）如果是大面积擦伤或是伤处有异物，可先用生理盐水彻底冲洗伤口，并用绷带加压包扎。对于污染较严重的伤口，先将异物彻底清除。再用凡士林纱布覆敷伤口，由医生清创后，还要施用抗菌药物和注射破伤风抗毒血清。

2．撕裂伤

运动中最为常见的是眉弓部的撕裂伤，还有额部或唇部的撕裂伤。当发生面部撕裂伤以后，为了能继续比赛，可先用生理盐水冲洗，再用肾上腺素液棉球压迫止血，然后用粘胶封合。待到比赛结束后到医院做清创缝合、抗感染及预防伤风治疗。

二、挫伤

1. 原因

当被对方踢中、击中时都有可能会发生挫伤，运动中较易发生挫伤的有胸部、头部、睾丸、大腿、小腿等部位。

2. 症状表现

单纯性挫伤，一般都会有疼痛（先轻后重，一般持续24小时）、压痛、肿胀、出血、功能障碍。挫伤后的出血可为瘀点、瘀斑及皮下组织中局限性积血（血肿），挫伤重者疼痛和功能障碍较为明显。

复杂性挫伤较为严重，如头部挫伤后，轻者可发生脑震荡，严重者可能会造成颅骨骨折而合并脑挫伤以至危及生命，大、小腿挫伤严重时可引起股四头肌及腓肠肌肌肉或肌腱的断裂，胸部挫伤可合并肋骨骨折甚至肺脏损伤形成气胸或血胸，睾丸挫伤可因剧烈疼痛而引起休克，腰部挫伤可合并肾挫伤等。

少数病例挫伤部可继发感染性化脓；肌肉挫伤后可出现继发钙质沉着化骨，形成化骨性肌炎；严重的挫伤形成的血肿有时会妨碍血液循环，引起局部肌肉的缺血性挛缩。

3. 处理

对于单纯性挫伤，可施行局部冷敷、加压包扎、抬高伤肢、外敷新伤药等处理方法。对于复杂性的挫伤，例如有休克症状时，应首先进行抗休克处理，采用止痛、止血等抗休克措施。同时，急送医院治疗。如睾丸挫伤，则用三角带吊起，卧床局部冷敷；肌肉、肌腱断裂者，将肢体固定包扎后，送往医院进行治疗。

4. 预防

在训练和比赛时，除戴上规定的护具外，还应当加强运动员的自我保护能力的训练，并严格判罚，对禁踢部位要禁止粗野动作。

三、肌肉拉伤

当肌肉主动收缩超过了其负担能力或被动拉长超过了伸展性时，就会造成肌肉微细损伤、肌肉部分撕裂或完全断裂，这种情况称为肌肉拉伤。

1. 原因

运动中较常见的肌肉拉伤是大腿后屈肌群的肌肉拉伤，当腿法动作过猛而又踢空时，较易发生腘绳肌起点或肌腹部的拉伤；又如运动员做横踢动作时，力度过大有可能造成腰肌拉伤；长时间的训练和连续比赛，疲劳积累，肌肉则会有僵硬、酸痛感，如果不注意也易造成肌肉拉伤；比赛或训练前准备活动不充分时，也是造成肌肉拉伤的原因之一。

2. 征象

有受伤史，受伤后局部疼痛、压痛、肿胀、肌肉紧张、发硬、痉挛、功能等障碍。严重的肌肉拉伤往往有明显的肿胀及皮下淤血。肌肉断裂者可摸到凹陷或出现一端异常膨大。肌肉拉伤时受伤肌肉主动收缩或被动拉长时疼痛加重，肌肉收缩抗阻力试验呈阳性。

3. 处理

伤后应当立即给予冷敷、局部加压包扎、适当制动、抬高伤肢，并把患肢放在能使受伤肌肉松弛的位置以减轻疼痛。肌纤维部分断裂者，48小时后可开始按摩，但手法要轻缓。对怀疑有肌肉、肌腱完全断裂者，应在局部加压包扎固定患肢后，立即送医院确诊，必要时应当接受手术治疗。

在伤后康复期，肌纤维轻度拉伤时，伤部应停训2~3天，而肢体运动不一定要完全停止。可做一些静力性收缩练习，但要避免那些重复受伤的动作。一周后可逐渐增加肌肉的力量和柔韧性练习。10~15天后，待症状基本消失，可投入正式训练，但训练时应使用保护支持带或戴上护腿。部分肌纤维断裂者应立即停训，最好能在肌肉松弛状态下休息2~3天，第4天后可在无疼范围内做伸展性练习，约3~4周后再进行正常的专项训练。肌肉断裂经手术缝合的患者，手术后固定期可做一些不负重的收缩练习，待拆线及去除固定后，应进行有效的伸展与提高肌力的练习，约两个月后再投入正常训练。

4. 预防

加强易伤部位的力量和柔韧性练习，并加强屈肌与伸肌的力量平衡。训练和比赛前要做好充分的准备活动，合理地安排运动量，改进技术动作以防肌肉拉伤。

四、急性腰部损伤

急性腰部损伤包括肌肉、韧带、筋膜及小关节扭伤。

1. 原因

当运动员弯腰屈髋、伸膝突然向上爆发用力时，或做侧面横踢腿动作时下肢动作快于躯干动作，或运动员自身腰、骶部肌力不足时，或脊柱过度前屈又突然转体，脊柱超常范围运动时，均可能会造成腰部的急性损伤。[1]

2. 征象

（1）肌肉轻度扭伤：患处隐痛，随意运动受限，不能弯曲，扭伤严重时因肌痉挛可引起脊柱生理曲线改变。腰扭伤时疼痛可牵涉到下肢，但仅局限在臀部、大腿后部和小腿感觉异常。

（2）棘上韧带与棘间韧带扭伤：扭伤后局部压痛，过度前弯腰时疼痛加重，而腰伸展时疼痛较轻，棘突上或棘突之间有局限而表浅的明显压痛点。如疼痛剧烈，压痛处韧带松弛而有凹陷，腰前屈时棘突间距离增大，提示可能为韧带完全断裂。

（3）筋膜破裂：腰部扭伤可能会造成腰背筋膜破裂，多发生在骶棘肌鞘部和髂嵴上、下缘。患处有明显压痛，弯腰和腰扭转时疼痛较重，腰伸展时疼痛较轻。其余征象与肌肉扭伤相似。

（4）小关节交锁：通常发生于肌肉无活动准备的仓促弯腰扭转动作，受伤当时即有腰部剧烈疼痛，呈保护性强迫体位，伤者不敢做任何活动，亦惧怕任何搬动，尤其不能做腰后伸展活动，几乎整个腰部肌肉都处于紧张僵直的状态，走路时以手扶腰，步态迟缓，惧怕触动。疼痛位置较深，不易触到压痛点，但叩击伤

---

❶ 朱国政. 篮球［M］. 北京：北京师范大学出版社，2008.

处可引起震动性剧烈疼痛。

（5）膝关节交锁：膝关节扭伤一般都没有交锁的现象。关节交锁常见于半月板部分撕裂、十字韧带断裂、内侧副韧带断裂，内侧副韧带断端嵌顿在关节间隙间。关节交锁的表现为偶然一次的膝关节屈伸活动中，突然"卡住"于半屈伸状态，一些患者在主动活动膝关节时，伴随着"咔嗒"一声而再伸直，称为"解锁"。

3．检查方法

（1）膝关节侧向运动试验：用于检查侧副韧带的损伤。方法是使病人仰卧，膝关节伸直或屈曲30度位，检查者一手握住并且固定住踝部，另一手放在膝关节的外侧，被动外翻关节，如膝关节外翻活动异常与膝内侧痛，提示膝内侧副韧带断裂；若将另一手放在膝关节的内侧，被动内翻膝关节，膝内翻活动异常膝外侧痛，则提示膝外侧副韧带断裂；如检查时膝关节无明显异常的活动而仅有轻微疼痛，则多为韧带扭伤。这项试验需要两侧对照检查，最好能在受伤时立即检查，避免出现假阳性。

（2）抽屉试验：是检查前后十字韧带有无松弛的方法。患者取仰卧位，双膝屈曲，检查者用大腿抵住病人的足背，双手握住患肢胫骨上端用力前、后推拉。如果胫骨上端有向前移动的现象，则证明为前十字韧带松弛。反之，如果向后过多地移动，则证明为有后十字韧带断裂。

（3）麦氏试验：是检查膝关节半月板的方法。患者取仰卧位，充分的屈膝屈髋，检查者一手握住患肢足部，另一手扶在膝上，使小腿外展、外旋，将膝关节由极度屈曲而缓慢地伸直，如关节隙处有响音（听到或手感到），同时出现疼痛，即表明是内侧半月板损伤。反之，则为外侧半月板的损伤。

4．处理

（1）轻微侧副韧带扭伤：疼痛较轻，肿胀不明显，侧向运动试验无异常，无关节屈伸功能障碍的患者，将患膝置于微屈曲位，停止活动2～3天，外敷活血止痛中药。3天后，开始步行锻炼，并用舒活酒按摩治疗。膝关节患处由远心端向近心端做轻推摩，大小腿肌肉用揉捏的方法按摩。每日练习直膝抬腿及负重直抬腿、抗阻伸膝抬腿2～3次，总时间大约为40～50分钟。如要参加比赛，应用粘膏支持带及弹力绷带保护。

（2）较重的侧副韧带扭伤：患处肿胀明显，患膝呈半屈曲位，伸屈功能受限，侧向运动试验无明显异常膝外翻或膝内翻活动。如患膝疼痛明显加剧，早期处理时应特别注意止痛、止血和保护损伤韧带不至于进一步加重损伤，可以采用棉垫或橡皮海绵加弹力绷带加压包扎，再用托板将患膝固定于微屈位后抬高患肢休息。2～3天后去除压迫材料，开始进行按摩，手法与轻微扭伤相同，隔日一次，最好配合外敷和内服活血散瘀、消肿止痛中药或理疗，继续用托板固定，并同时开始每日做2～3次股四头肌静力收缩（绷紧）。伤后10天左右可加大按摩的力量，增加按摩的手法，增加直膝抬腿练习并逐渐过渡到负重直膝抬腿练习，同时配合外用和内服舒筋活络中药。2～3周以后解除托板固定，开始练习走路，继续按摩治疗并增加弹筋手法，开始练习膝关节屈伸运动并且逐渐过渡到屈曲位抗阻力伸膝练习。刚恢复下地走路时，伤处可贴活络膏或者橡皮膏，患肢鞋跟用楔形垫垫高0.5～1厘米，以防止反复扭伤，此法可持续至局部无压痛和肌力恢复正常为止。为了膝关节功能的良好恢复，可同时采用按摩、理疗、中药熏洗等方法。

（3）十字韧带不完全断裂：先用长腿托板固定患肢于30度（伸直为0度）位6周。固定期间与解除固定后的按摩治疗和功能练习在原则上与较重的扭伤相同。

（4）十字韧带和侧副韧带完全断裂：尽量在伤后一周内进行手术缝合。半月板损伤在急性期难以作出明确的诊断，可按重度扭伤处理，如有"交锁"感，必须"解锁"后才能固定。如是半月板边缘破裂还有自愈的可能。

（5）陈旧性损伤：坚持有计划性的膝关节屈肌功能锻炼和按摩治疗。如股四头肌的代偿功能良好，关节稳定性无明显受累，症状不明显，无关节交锁征，对膝关节要求不大的项目且不妨碍训练者，一般不予进行手术治疗，但应注意训练量和强度并要加强医务监督。如症状严重、疼痛明显、关节不稳、关节交锁、妨碍训练者，可考虑进行手术治疗。

5. 伤后康复训练

当膝屈曲位抗阻力伸膝运动局部尚有疼痛时，应加强全身各个健康部位的练习，以保存肌肉的紧张力和已获得的各种条件反射联系。同时，加强股四头肌与膝屈肌的静力性锻炼。当疼痛一消失，即可在粘膏支持带及弹力绷带固定下参加一般的训练，如此进行2～3周无异常反应，伤处无深压痛，肌力亦基本恢复正常时，即可完全去除支持带，随及恢复正式训练和比赛。

6．预防

提高运动员的专项技术和动作水平，及时纠正动作或技术错误；避免在训练中下肢的过度负荷与疲劳；加强股四头肌及小腿三头肌与腘绳肌的肌力训练，增强关节的稳定性而又保持其灵活；防止粗野动作致伤。❶

第三节　运动损伤的现场急救

一、出血与止血

1．出血分类

（1）根据受伤血管种类不同，出血分为以下几种。

①动脉出血：血色鲜红，血液像喷泉一样流出不止，出血的速度快，出血量多且危险性大。

②静脉出血：血色暗红，血液像流水样缓慢不断流出，危险性小于动脉。

③毛细血管出血：血色红，血液从伤口慢慢渗出，通常能自行凝固止血，一般都没有危险。

（2）根据出血流向，出血分为以下几种。

①外出血：身体外表没有伤口，可以直接见到血液从伤口流向体外。

②内出血：身体的表面没有伤口，血液由破裂的血管流向组织间隙（皮下组织、肌肉组织），形成淤血或血肿；流向体腔（胸腔、腹腔、关节腔等）和管腔（胃肠道、呼吸道），形成积血。体腔、管腔等内出血，不容易被发现，容易发展成大出血，故要特别注意。

2．止血方法

成人体内的总血量约为4000～5000毫升，当骤然失血量达总血量的1/4～1/3时，就有生命危险，所以必须尽快止血。在有内出血时，必须尽快作出诊断并送去医院进行处理。下面介绍的是几种常用的外出血止血法。

---

❶ 曹金元. 浅析篮球进攻性传接球意识的概念及培养与训练[J]. 现代教育与科研, 2008(89).

（1）抬高伤肢法：将肢体抬高。使出血部位高于心脏位置，从而使出血部位的血压降低并减少出血。此方法仅适用于四肢毛细血管及小静脉出血。

（2）加压包扎法：将伤口用消毒敷料盖上后，再用绷带来进行加压包扎。此方法用于小静脉和毛细血管出血。

（3）加垫屈肢法：当前臂、手、小腿、足出血而没有发生骨折和关节脱位时，可将棉垫或绷带卷放在肘或膝关节窝上，屈曲小腿或前臂，再用绷带做"8"字形包扎。此法用于前臂、手、小腿、足出血。

（4）间接指压法：用手指把身体浅部的动脉压在相应的骨面上，可以暂时止住该动脉供血部位的出血。此方法用于动脉出血。例如，头部出血时（包括头部前面额、颞部出血），用拇指在同侧耳屏前方摸到颞动脉搏动后，将该动脉压在颞骨上；面部出血时，在伤处同侧下颌角前面约1.5厘米处，用手指摸到面动脉搏动后，应将该动脉压在下颌骨上；上肢出血（包括肩部和上臂出血）时，可压迫锁骨下动脉，该动脉在锁骨的上方，胸锁乳突肌外缘，用拇指将该动脉向后内正对第一肋骨压迫；前臂和手掌出血时，可使患肢外展，用四指压迫上臂内侧；手指出血时，可压迫指动脉。压迫点在第一指节根部两侧，用拇指两指相对夹压；大腿和小腿出血时，可压迫骨动脉。压迫点在腹股沟皱纹中点搏动处，用手掌或拳向下方的股骨面压迫；足部出血时，可压迫胫前胫后动脉，用两手的拇指分别按压于内踝与跟骨之间和足背皱纹的中点。

二、包扎法

在运动损伤中及时正确地包扎能够起到保护伤口，压迫止血、固定敷料和夹板、支持伤肢的作用。一般用的包扎材料为卷带和三角巾。

包扎过程中伤员取舒适体位并尽可能地在包扎过程中不再改变伤肢位置。包扎时动作应当力求熟练，柔和，不要碰到伤口，以免加重损伤。包扎的松紧要合适，过紧会妨碍血液循环，过松将失去包扎的作用。卷带包扎时一般从伤口的远处的远端开始，包扎结束时用粘膏固定，或将卷带末端留下一段，从纵行剪开，缚结注意不要在伤处。

1．卷带包扎法

（1）环形包扎法：多用于包扎肢体粗细均匀的部位，如额部、手腕、小腿下部。包扎时应当把带头斜放，用手压住，将卷带绕肢体包扎一圈后，再将带头的一个小角反折过来，然后继续绕圈包扎，后一圈盖住前一圈，包扎3～4圈即可。

（2）螺旋形包扎法：用于包扎肢体粗细差不多的部位，如上臂、大腿下端、手指等处。包扎时以环形包扎法开始，然后将卷带向上斜形缠绕，后一圈盖住前一圈的1/2～1/3。

（3）转折形包扎法：又叫作反折螺旋形包扎法，用于包扎粗细相差大的部位，如前臂、大腿、小腿等部位。

（4）"8"字形包扎法：用于关节部位的包扎，包扎法有两种，一种从关节部位开始，先做环形包扎法，然后将圈带斜形缠绕，一圈在关节上方缠绕，一圈在关节下方缠绕，两圈在关节凹面交叉，反复进行，逐渐离开关节，每圈压住前一圈的1/2～1/3，最后在关节的上方或下方以环形包扎法结束。另一种是从关节下方开始，先做环形包扎法，然后由下而上、由上而下地来回做"8"字形缠绕关节，最后以环形包扎法作为结束。

2．三角巾包扎法

三角巾有大、小两种尺寸，大三角巾用1米见方的白布对角剪开即可。小三角巾是大三角巾的一半。以下为两种常用的三角巾包扎法。

（1）大悬臂带：适用于上肢损伤，但锁骨和肱骨骨折不能使用。将大三角巾的顶角放在伤肢肘后，一底角置于健侧肩上，伤肘屈曲成90度放在三角巾中央，下方底角上折包住前臂，在颈后与上方底角处打结。最后把肘后的顶角折在前面并用别针固定。

（2）小悬臂带：适用于锁骨和肱骨骨折。将大三角巾折成四横指宽的宽带，中央处放在伤侧前臂的下1/3处，两端在颈后打结。

三、骨折的临时固定

所谓骨折，就是骨的完整性遭到了破坏。在运动中，由于对抗性强，骨折是时有发生的。一旦发生骨折或疑似有骨折，应马上按医学要求进行现场急救。

1．骨折的种类和征象

骨折可以分为闭合性骨折、开放性骨折和复杂性骨折。闭合性骨折是指骨折处皮肤完整，骨折端不与外界相通；开放性骨折是指骨折端穿破皮肤，直接与外界相通，这种骨折会容易感染骨髓炎与败血症；复杂性骨折是指在骨折后，骨的段端刺伤了重要的组织、器官，可发生严重的并发症。

骨折发生以后，除了有疼痛、压痛、肿胀及皮下淤血外，还有其特有的征象，如镇痛、骨擦音、畸形或假关节活动、功能丧失，甚至还有可能发生休克。

2．骨折的急救处理原则

对有出血和伤口者，应当先止血和保护伤口；对伴有休克者，应当先抗休克，再行固定。固定前不得随意移动伤肢，未暴露伤口可以剪开衣服、鞋袜，不能脱。对大腿、小腿和脊柱骨折，应就地固定。露出伤口的骨片，不应放回伤口或去除。

临时固定时，应采用具有一定牢固性的夹板，夹板的长度必须要超过骨折部的上、下两个关节；夹板与肢体接触处最好有垫衬物，空隙处要填紧，以免产生压迫性损伤；固定时用绷带或布条包缠，固定的松紧程度应合适、牢靠，过紧会压迫神经、血管，致使肢体血运不畅；固定后伤肢要保暖。

3．各部位骨折的临时固定法

（1）锁骨骨折固定法：先在两腋下各放置一块棉垫，将三条三角巾折成宽带，用两条分别绕过伤员肩前面，在前后做结并形成肩环，另一条在背部将两环拉紧打结。

（2）骨骨折固定法：取一块尺寸合适的夹板，放于伤肢外侧，再用两条绷带固定骨折的上、下两端，然后用小悬臂带将前臂吊起，最后用三角巾把伤肢绑在躯干上加以固定。

（3）前臂骨折固定法：在伤员前臂的掌背侧各放一块夹板，用三角巾宽带绑扎固定后以大悬臂带悬挂于伤者的胸前。

（4）手部骨折固定法：让伤员手握纱布棉团或者绷带卷，然后用夹板和绷带固定手及前臂，最后用悬臂带将其吊起。

（5）股骨骨折固定法：用三角巾约5~8条，折叠成宽带，分段放好。取长夹板两块，分别置于伤肢的外侧和内侧。外侧夹板自腋下至足底，内测夹板自腹股沟至足底。放好后用上述宽条固定夹板，在外侧做结。

（6）小腿骨折固定法：用夹板两块，一块在外侧，自大腿中部至足部；另一块在内侧，自腹股沟至足部，然后用宽带4~5条分段将其固定。

（7）髌骨骨折固定法：伤员半卧位，一助手用双手托住伤肢大腿。使急救者先缓缓将伤者小腿伸直，在腿后放一夹板，夹板的长度自大腿至足跟，用3条三角巾宽带，分别于膝上、膝下和踝部固定。

（8）足骨骨折固定法：脱去鞋，在小腿后面放一直角形夹板，然后用宽带固定膝下、踝上和足部。

（9）对疑有胸腰椎骨折的固定与搬运：首先应注意尽量避免骨折处的移动。搬运时，必须要由3~4人同时托住头、肩、臀和下肢。抬时，由一人叫口令，同时在同一侧抬起伤员，并由其他人将担架迅速放在伤员下面，然后再将伤员轻轻放下，使其俯卧在平板担架上，胸部稍垫高，并用宽布带固定在担架上，绝对不能对伤员包头、抬脚，以免脊柱极度弯曲，加重对脊髓的压迫和损伤。

（10）对疑似有颈椎骨折的固定与搬运：应由三人搬运，由其中一人专管伤员头部的牵拉固定，保持头部与身体的直线位置不动摇、不转动。同时避免头部左右摇动，躯干用宽布带固定。

四、关节脱位的现场急救

关节脱位也称脱臼，是指关节面失去了正常的联系。在运动中最常见的是肩关节脱位。在发生关节脱位时，由于暴力作用还可伴有关节囊撕裂，关节周围软组织损伤，严重时还可伤及神经或伴有骨折。关节脱位一般是由间接暴力所导致的。❶

1. 征象

关节脱位发生后受伤关节疼痛、压痛、肿胀，关节功能丧失，还可能会出现关节畸形的特有征象，表现为肢体的轴线发生变化，整个肢体呈一种特殊的姿势并与健侧不对称。通过X线，可确定脱位的情况及有无骨折发生。

❶ 黄修荣、黄黎著:国共关系纪实 [M]. 人民出版社,2014.

2．现场急救

应当强调的是，在没有医生或没有整复技术时，不可随意去做整复手术，以免加重关节周围的损伤。此时要立即夹板和绷带在脱位所形成的姿势下固定伤肢，保持伤员安静并尽快送往医院处理。

（1）颈椎，肩、肘关节脱位时的固定方法。

①颈椎脱位的现场急救、固定与颈椎骨折相同。

②当肩关节脱位时，取三角巾两条，分别折成宽带，一条悬挂前臂，另一条绕过伤肢上臂，于健侧腋下缚结。

③当肘关节脱位时，用铁丝夹板弯成合适的角度，置于肘后，然后用绷带缠稳，再用小悬臂带挂起前臂。如无铁丝夹板，可直接用大悬臂带包扎固定。

（2）肩关节脱位的复位法：在肩关节急性脱位半小时内，由于患处反射性的神经传导阻滞处于麻木状态，所以不需要麻醉就可复位。下面介绍的是一种简单易行的足蹬复位法：在肩关节脱位时，绝大多数为前脱位。当检查发现为肩关节脱位时，让伤员仰卧，术者半坐于患侧床边，将一足跟置于伤员腋窝紧贴胸壁并向外推挤上臂上端，双手握患肢腕部，以足跟顶住腋窝做牵引。左肩脱位时术者用左足，右肩脱位时则用右足。用力持续牵引患肢，并逐渐内收、内旋，即可复位。

五、休克与抗休克

休克是指人体在遭受体内、外各种强烈刺激后所发生的严重全身性综合症，以急性周围循环衰竭为主要特征。由于有效循环血量绝对或相对明显地减少，组织器官缺氧，进而发生一系列的代谢紊乱，造成恶性循环，如不及时处理，很可能就会导致死亡。

1．与运动损伤有关的几种休克

（1）出血性的休克：急剧大量的出血是造成休克的常见原因。当失血量低于总血量的1/4时，血压还可维持正常或稍有变化，而当失血量的1/3时，血压就会随之下降。

（2）创伤性的休克：骨和软组织损伤，剧烈的疼痛并常伴有一定量的失血，如多发性、出血多的骨折（骨折或股骨干骨折）和骨折合并内脏损伤（肝、脾、肾破裂或肠系膜血管损伤），出血量都十分大，导致病人多病发休克。软组织损伤时，如股四头肌挫伤伴撕裂、睾丸及腹部挫伤等，出血伴强烈的神经刺激可引起反射性的中枢抑制，使血管扩张，血液分布范围增大而导致的血容量相对不足。脊髓损伤可以阻断血管运动中枢与周围血管间的联系，使血管扩张，随之引起休克。

2．症状

当运动员因损伤出现休克以后，其主要的症状为：面色苍白、四肢发凉、冒冷汗、脉搏细数，早期可能表现为兴奋不安，随后会出现精神萎靡、表情淡漠、四肢厥冷、血压下降、尿量减少、呼吸浅速。严重者可发生昏迷。

3．创伤性的休克的急救

让患者安静平卧休息并给予精神安慰，最好不要采用所谓的"休克位"，即头低脚高位休息，因为这样会使得伤者颅内压增高、静脉回流受阻，也会使横膈上升造成呼吸困难，加重缺氧。冬天要注意保暖，夏天要注意防暑。神志清醒又无消化道损伤者可酌情饮用热茶、糖水，保护呼吸道畅通；昏迷者应将头侧偏，用重手法点掐人中、合谷、内关等穴位或嗅氨水催眠；有损伤疼痛重者，应止痛和镇静，并进行必要的包扎、固定、止血。急救的同时要迅速请医生或及时送往医院治疗。

六、人工呼吸和胸外心脏按压（复苏术）

运动中，较严重的外伤性休克，有可能会出现呼吸、心跳骤停，如若不及时进行抢救，就很有可能导致生命危险。所以教练员和运动员很有必要掌握一些复苏术。在进行复苏术时，关键是要快，抢救及时，操作正确，好为进一步治疗打下基础。

1．"口对口"人工急救呼吸

伤员呼吸停止后，应当立即施行有效的口对口人工呼吸。方法是：让伤员仰卧，头部尽量后仰，托起下颌，捏住鼻子，轻压环状软骨以防止空气吹入食管入胃，对准伤员口部吹气。吹完后松开捏鼻孔的手，让气体从伤员的肺部排出。如此反复，每分钟需吹气16～18次。

施行人工呼吸时必须先清除患者口腔内异物、黏液及呕吐物，以保持呼吸畅通。吹气的压力和气量开始时宜大，10～20次后可稍减，但不能间断，直至恢复自主呼吸或确定死亡为止。若同时心跳停止，则人工呼吸和胸外心脏按压应同时进行，两人操作时吹气与按压的频率之比为1∶4，一人操作时比例为1∶7。

2. 胸外心脏按压

心跳停止后，立即用拳叩击心前区，击力中等，连续3～5次。此方法适用于心脏刚刚停搏应激性增强时，若心跳、脉搏恢复即为复苏成功。若无效则应马上施用胸外心脏按压：使伤员仰卧，急救者以一手掌根部按住伤员胸骨中下1/3交界处，另一手交叉重叠于手背上，肘关节伸直，充分利用上半身的重量和肩、臀部肌肉的力量，有节奏地带有冲击性地垂直按压胸骨，使之下陷3～4厘米，间接压迫心脏，将手很快放松，让胸骨恢复原位，每分钟按压60～80次。操作时，如果能摸到颈动脉跳动，上肢收缩压达60毫米汞柱以上，口唇、甲床颜色较前红润，或呼吸逐渐恢复，瞳孔缩小，就说明胸外心脏按压有效，应坚持操作至自主心跳出现为止。❶

第四节　运动损伤与康复按摩

一、运动损伤与按摩的关系

运动的专业性损伤的发生与其动作的技术要求、人体局部解剖结构、运动负荷有关。运动性病症的发生是运动训练负荷与身体机能间不相适应而造成体内紊乱所导致的一类疾病和机能异常。减少运动性伤病发生的原则主要是以预防为主。运动损伤应及时进行彻底治疗，合理安排伤后训练及康复训练。运动性病症要早发现，及时处理，并必须排除其他病例因素。按摩是一种良好的物理刺激方式，可对神经系统起兴奋和抑制作用，通过神经反射影响各器官的功能。按摩是

---

❶ 中华人民共和国国务院. 学校体育工作条例［Z］. 1990-03-12.

体育运动中提高身体运动能力和防治伤病的重要手段，正确有效地按摩对运动员全身各个系统的功能调节都有一定的作用。

不同的按摩手法，对神经系统起着不同的作用，如叩打、重揉起兴奋作用，而轻推、轻揉起抑制作用。同一手法，由于运用的方式不同，作用也相对不同。按摩时的手法性质、作用强度、持续时间这些因素对神经系统产生影响，通过神经体液的调节机制和经络的传感，起到调整身体机能状况、增强人体免疫功能和抗病能力的作用。

按摩有利于汗腺和皮脂腺的分泌和排泄，会使皮肤的毛细血管扩张和开放，改善皮肤的营养代谢。同时，按摩对皮肤的机械刺激又通过神经末梢传到中枢，从而影响整个机体。

按摩使肌肉中毛细血管扩张和开放数量增加，使被按摩的肌群的营养得到改善，利于加快肌肉中的乳酸清除，因而能产生消除疲劳、防止肌肉萎缩、提高肌肉工作能力的效果。按摩还可增强肌腱和韧带的弹性和活动幅度，从而使关节活动范围增大，有利于关节活动障碍的早日康复。

按摩可以引起周围血管扩张，降低大循环中的阻力，加速静脉回流，从而可以减轻心脏负担，有利于心脏的工作。按摩能使静脉血和淋巴液回流加速，使被按摩部位组织的毛细血管通透性增强，血流加快，流量加大，给组织营养供应创造良好的条件，可以促进浮肿和损伤部位的水肿吸收。

直接按摩胸壁，可加深呼吸，增加摄氧量，提高二氧化碳的排出量。按摩腹部能提高消化液分泌和加强胃肠蠕动，并且有助于消化。此外，按摩还有疏通经络、调和气血、活血散瘀、疏通狭窄、削离粘连、顺筋正骨的作用。

二、按摩的注意事项

（1）按摩者的手要清洁、温暖，并且指甲要剪短。

（2）为了保证按摩的顺利进行，被按摩者的肌肉必须要放松，使按摩者能用上劲，便于操作。按摩时，用力要由轻到重，再逐渐减轻直到按摩结束。但要适度用力，严禁使用暴力。要随时观察被按摩者的表情，询问其感觉，以便及时调整按摩的强度。

（3）按摩时一般应按淋巴回流方向进行。淋巴结所在的部位不宜进行按摩。对于局部有炎症、皮肤病、伤口出血、急性随时血肿、新鲜脱位以及患有良性、恶性肿瘤的部位禁忌进行按摩；有出血性向的患者，要慎用按摩；妇女月经期和妊娠期不能按摩腹部。

三、基本按摩手法

1. 推摩

用手掌、掌跟或拇指指腹在身体的一定部位上，沿淋巴流动的方向推动。根据按摩时用力大小和作用不同，可分为轻推摩和重推摩两种。

（1）轻推摩。

操作方法：肘关节微屈，四指并拢，全手接触皮肤，沿淋巴流动的方向轻轻地向前推动，动作要柔和均匀，力量只达皮肤。

作用：消除疲劳，对神经系统可起到镇静作用。

应用：多用于按摩开始和结束时，以及按摩中转换手法时。

（2）重推摩。

操作方法：手法与轻推摩基本相同，但用力较重，可达皮下组织。推摩时虎口应稍抬起，用掌跟和大小鱼际用力。

作用：加速静脉血和淋巴液的回流。可消肿、散瘀和提高局部皮肤温度。

应用：常在运动前用重推摩手法来提高局部组织温度，以预防运动损伤和增强运动能力。也常用在按摩中间，多与揉捏、按压等手法交替的使用。

2. 擦摩

操作方法：用拇指或四指指腹、鱼际、手掌、掌跟紧贴于皮肤上，做来回直线形的摩动。往返多次，并且力量要均匀。柔和，速度稍快。作用力在皮肤及皮下组织。

作用：升高局部皮肤温度，加强局部血液循环，增强关节韧带的柔韧性。

应用：拇指指腹和大鱼际擦摩法多用于四肢和关节部位，钳形擦摩法（指腹擦摩法）多用于小关节及肌腱部位，手掌和掌跟擦摩法多用于四肢、胸、腰、背、腹等肌肉宽阔部位。

3．揉法

操作方法：用拇指指腹、手掌、掌跟和鱼际紧贴皮肤，做轻柔缓和的回旋揉动（沿顺时针或逆时针方向回旋揉动均可），揉动皮下组织。轻揉时，力达皮下和浅层肌肉；重揉时，力达深层肌肉和深部组织。揉动频率应为120～160次/分。

作用：轻揉有缓和强手法刺激和起镇静止痛作用；重揉可促进血液循环，加速新陈代谢，还能疏通经络，活血化瘀，松懈粘连，软化疤痕组织。

应用：适用于身体各部位。

4．揉捏

操作方法：拇指分开，四指并拢，手成钳形，掌心和各指贴于皮肤上。在操作时，腕关节放松，边揉边捏，有节律地提放肌肉，沿向心方向做旋转式移动，有揉、捏的动作，边揉捏边向前螺旋形地推动。移动的过程中，掌指不能离开被按摩的皮肤，指间关节不能弯曲，用力要均匀、连贯而柔和，避免仅以指尖用力。根据需要，可以选择用单手揉捏或双手揉捏。

作用：促进组织的血液循环和新陈代谢，增加局部营养，消除肌肉疲劳性酸痛，防治肌肉萎缩，并有活血化瘀、剥离粘连、消肿止痛的作用，还有消除局部多余脂肪的效果，强健肌肤。

应用：用于肌肉较丰厚的部位。

5．搓

操作方法：两掌相对，放在肢体上，用力方向相反，来回搓动。动作应轻快协调，力量均匀，频率较快，力达皮下组织。

作用：消除肌肉疲劳，提高肌肉工作能力。

应用：适用于四肢的肌肉及肩、髋关节等处。常用在按摩的后阶段。

6．按压

操作方法：可单手也可以双手重叠并列或相对，手掌或手跟置于被按摩部位，肘关节伸直，腕关节背伸，用较大的力量向下或相对按压。用力要均匀，速度较慢，力量由轻到重再由重到轻。按压的节奏，一般要求每按压一次就要稍停留片刻，即与被按摩者呼吸同步。

作用：调节气血，镇静止痛，消除疲劳，放松关节和肌肉，可使轻微错位关节复位。

应用：用于肩、背、腰、臀和四肢肌肉丰厚的部位，以及肘、腕、指、膝、踝、足、趾等关节处。

7. 叩打

叩打可分为叩击、轻拍和切击三种手法。

（1）叩击：两手半握拳，用拳的尺侧面交替地叩打被按摩的部位。叩击时力量要均匀，手指和手腕尽量放松，发力在肘。

（2）轻拍：两手掌心微凹，两手手指稍屈，掌心向下，交替地进行拍打。拍打时力量要均匀，手指和手腕应放松，发力在腕。

（3）切击：两手手指自然伸直，用手的尺侧做切面。切击时力量要均匀，发力在肘，沿着肌纤维的方向交替进行。

作用：可以提高肌张力，增强神经、肌肉的兴奋性，改善深部组织的血液循环，消除疲劳，缓解肌肉的酸痛反应。

应用：常用于腰背肌、臀、四肢等肌肉丰厚部位。

8. 抖动

分为肌肉抖动和肢体抖动。

（1）肌肉抖动：被按摩者的肌肉应当放松，操作者自然伸掌，用掌指轻轻抓握肌肉，进行短时、快速地抖动。

（2）肢体抖动：双手握住被按摩者的肢体的末端，进行上下快速地抖动。抖动速度应由慢而快，再由快到慢，力量要均匀，振幅不要过大。

作用：放松肌肉和关节，消除疲劳。

应用：多用于肌肉丰厚的部位和四肢关节。

9. 运拉

根据关节活动的可能性，在某一关节连续做屈伸、内收外展、内旋外旋、环转及牵拉活动，动作应缓和且连贯。

（1）颈部运拉法：一手扶住被按摩者的头颅，另一手拖住下颌，轻轻地做左右旋转和前俯后仰的屈伸活动，最后托住下颌两侧，向上牵引2~3次。

（2）肩关节运拉法：一手握住被按摩者的肘部，另一手按于其肩上以便于固定，做肩关节的屈、伸、内收、外展、内旋、外旋及环转等活动。

（3）肘关节运拉法：一手从后侧握住被按摩者的上臂下端，保持不动，另一手握住其同侧腕部，做肘关节的屈、伸和旋转活动。

（4）腕关节运拉法：一手握住被按摩者的腕关节上部，另一手握其四指，做屈、伸和环转动作。

（5）指关节运拉法：一手握住被按摩者的腕部，另一手捏住或用手指夹住其指端，做屈、伸、环转和牵引活动。

（6）髋关节运拉法：一手握住被按摩者的足底，另一手扶住其膝关节并使膝关节保持锐角，做由内向外或由外向内的活动，并适当伸、屈髋关节。

（7）膝关节运拉法：被按摩者取俯卧位，按摩者立于其体侧，一手固定其股部下端，另一手握住其同侧小腿，做膝关节屈、伸活动，并在膝关节处于90度位时做小腿旋内、旋外活动。

（8）踝关节运拉法：一手握住被按摩者的跟腱部位，另一手握其足趾，做屈、伸、内翻、外翻和环转活动。

作用：增加关节的活动幅度，维持肌肉和韧带的柔韧性。

应用：常在各关节及肢体按摩结束时活动关节和肢体。

四、治疗按摩手法

1．手"滚"法

操作方法：手指轻度屈曲，略微分开，腕部稍屈，以手掌的尺侧接触被按摩部位，用手指关节的突出部着力，连续不断做旋后、旋前滚动。要均匀用力，有节律地逐渐向前移动，不能够跳动和摩擦。

作用：有活血散瘀、消肿止痛和松懈粘连的作用。

应用：常用于腰、背、大腿等肌肉丰厚的部位。

2．手指弹筋法（提弹）

操作方法：用拇指与食、中指（或拇指与其余四指）将肌肉或肌腱速提速放，像木工墨线一样。每处每次可弹1～3次。弹筋后，应配合揉法，以去缓解肌肉的酸胀。

作用：刺激神经，促进血流畅通，缓解肌肉紧张。

应用：常用于治疗慢性肌肉损伤、肌肉酸胀和肌肉痉挛（如肱二头肌、大腿内收肌、肱三头肌、胸大肌、背阔肌、斜方肌、胸锁乳突肌等）。在运动训练或比赛前，常用弹筋法来提高运动员的兴奋性。

3．手指分筋法（拨筋）

操作方法：用拇指或单拇指的指端深压伤处左右拨动。拨动的方向应与肌纤维和韧带的方向垂直。

作用：分离粘连，缓解肌肉痉挛，促进局部血液的循环。

应用：用于治疗肌肉、肌腱和韧带的慢性损伤。

4．手指理筋法（顺筋）

操作方法：用一拇指指腹压于伤部的上端，另一拇指顺着韧带、肌纤维或神经的方向，自上而下，均衡持续用力，舒理其筋，反复数遍。

作用：调和气血，理筋归位，放松关节、韧带和肌肉。

应用：当颈、肩、四肢软组织扭错筋结时和出现腱鞘炎及肌肉和韧带拉伤时，均可用理筋法治疗。

5．手指"刮"法

操作方法：用单拇指或双拇指（拇指末节屈曲）的指甲或指端，在病变部位做匀速匀力的单向刮力。一个部位刮4~5次即可，避免损伤皮肤，刮后轻揉以缓解刺激。

作用：松懈和分离粘连，消除硬结，促进血液循环，增加营养，减轻疼痛。

应用：用于治疗髌腱末端病及狭窄性腱鞘炎。韧带慢性损伤也常用此手法。

6．手指"切"法

操作方法：使用拇指指端，以轻巧且密集的手法从肿胀部位的远心端向近心端切压皮肤。在压痛处切时，用力必须轻而缓慢，以避免增加疼痛。

作用：有较快的消肿作用。

应用：用于肿胀的部位，但急性闭合性软组织损伤在24小时或48小时之内，损伤局部禁用切法，以免加重损伤。

7．背法

操作方法：按摩者与被按摩者背对背站立，按摩者的双肘屈曲，挽住被按摩者的双臂，将其背起，以臀部着力顶住他的腰骶部，先做左右方向的摆动，使其腰肌放松，再做上下方向的抖动，使其腰部有牵引感。

作用：牵伸腰部背筋膜，放松腰肌，消除运动后腰背肌肉酸痛，恢复腰椎生理弯曲，纠正腰椎小关节错位。

应用：运动后，可以放松腰背肌，消除肌肉酸痛，消除疲劳。也用于急性腰扭伤和腰椎间盘突出症的治疗。

8. 手指"揪"法

操作方法：拇指指腹与食指中节侧面相对，或食指中节与中指中节侧面相对，揪住被按摩部位的皮肤、皮下组织或肌肉，做拧、扭同时揪起、放开，反复进行4～5次。用力要适中且匀速，以皮肤略出现红晕为度。

作用：调和气血，退热，醒脑除烦，消炎止痛。

应用：头、面、颈、肩、背、腋窝、肘窝等处。

五、穴位按摩

在人体穴位上施以可以调节人体机能、消除疲劳和防治伤病的按摩手法，称为穴位按摩。穴位按摩的手法主要有点法、掐法，取穴法有指量法和中指同身寸法。

1. 点法

用中指或拇指的指端点压穴位叫作点穴。拇指点穴时伸直或者微屈，其余四指半握拳，食指指间关节紧贴拇指以助其力。中指点穴时，拇指和食指紧夹中指远侧指间关节，以助发力。在肌肉丰厚的部位可用肘尖点穴，也可以用器械代替，如木制的"T"形点穴工具。点穴时用力不可过猛，但要均匀，可边点边揉，也可边点边按压，反复多次。点穴时被按摩者有酸胀感或酸痛感即可。

2. 掐法

是用指端在身体某一部位或穴位处持续掐压的一种手法。掐穴位时，被按摩者有"得气"（即有酸、麻、胀、重等感觉出现）感后再松开。应用掐法时要逐渐加力，使指端掐入，切勿突然用力。可重复2～3次。不要损伤皮肤。

掐法刺激作用较强，有急救、缓冲疼痛的作用。发生晕厥、中暑、低血糖等病症时，可以掐有关穴位进行急救；发生运动外伤或运动中腹痛时，可掐有关穴位缓解疼痛。

3．取穴法

每个穴位都有一定的位置，常用的取穴法有指量法和中指同身寸法。

（1）指量法：是以被按摩者得手指宽度为标准，若按摩者的手指与被按摩者的手指大致一样，就可以用按摩者的手指直接去测量穴位。

（2）中指同身寸法：让被按摩者中指弯曲，取其中指桡侧两横纹头的距离作为一寸。此法较指法更精确些。

六、放松按摩在运动实践中的应用

在运动前、运动间隙和运动后进行按摩，主要目的是调整运动员身体的机能状态，消除疲劳，促进恢复。

1．运动前按摩

在训练和比赛前进行按摩，目的是改善运动员神经、肌肉、韧带、关节、内脏等的机能状态，提高运动能力，以适应即将参加活动的要求，预防运动损伤。一般运动前按摩应和准备活动相结合，在训练和比赛前15～30分钟进行为宜，一次按摩时间约10～20分钟，即按摩后间隔3～5分钟就投入训练或比赛。按摩部位通常以运动员负担量大的部位为重点。手法可以根据运动员的具体情况选择。

若运动员在赛前兴奋性过高或过度紧张，则应给予镇静性按摩。常用轻推拿、轻揉、缓慢揉捏等手法。如在腰背部轻推摩、轻揉，可在头部用拇指等平推，或用拇指轻揉太阳穴、内关、三阴交等穴位，稍有"得气感"即可。要求手法缓和，用力较轻，时间稍长。

运动员在冬季训练和比赛时，局部发凉，活动不开，还可在准备活动后，对发凉的部位用较重而快速的推摩和擦摩，以提高皮肤温度，加强关节、韧带、肌肉的弹性和功能，预防运动损伤。

2．运动中按摩

训练和比赛过程中有一分钟的间隔时间，在此间隔中进行按摩，其目的是对运动员的兴奋和抑制过程进行调整，消除疲劳，恢复运动员的运动能力，以便提高运动成绩。按摩应根据运动员的具体情况和间隔时间进行，一般采用短暂、轻快和柔和的手法，对运动负荷大的部位进行按摩，可配合掐点穴位。按摩时间通常为30~50秒钟。在克服运动员的紧张情绪时，按摩时间可稍长些；消除疲劳时，时间可短些。对四肢，可以向心脏方向用轻缓的推摩、揉捏、叩打、抖动等手法进行按摩，以消除肌肉紧张，促进运动员能力的恢复。

3．运动后按摩

在比赛和大运动量训练后进行按摩，目的是放松肌肉、消除疲劳、减轻运动后肌肉和关节的酸胀感觉，以及治疗伤病。一般都是在训练和比赛结束之后按摩，也可以在洗澡后或入睡前进行。当运动员十分疲劳时，则需要休息一定时间后再进行按摩。

按摩部位要根据运动项目的特点和运动员疲劳情况而定。负荷量最大的部位是按摩的重点。按摩的方法，总的来说关节部位以揉和擦摩为主，穿插使用按压、运拉，按摩开始和结束用轻推摩。肌肉部位以揉捏为主，揉捏时间占按摩总时间的60%~70%较为合理。交替使用按压、抖动、叩打等手法。按摩开始和结束都用轻推摩。

运动后的全身按摩，通常是依胸、腹、上肢、下肢的次序，做完一个部位，之后再做另一个部位；做完一侧，再做另一侧，各部位的按摩时间相近。按摩时除选用运动按摩手法之外，还可以根据各部位的疲劳情况，循经循穴，施行揉、推、捏等手法，以调和气血，更快地消除疲劳。全身按摩的时间约为30分钟。

第五章

当代体育游戏在高等艺术院校教学中的应用与发展

当代体育游戏是在游戏发展过程中派生出来的一个分支。它融体力发展、身心娱乐为一体，既是游戏的组成部分，又与体育运动有着密切的关系。随着人们对体育游戏功能的认识不断深化，体育游戏被广泛应用于体育教学、运动训练和群众性体育活动中，成为体育运动的一个重要组成部分。❶

第一节　当代体育游戏的产生与发展

一、体育游戏的产生

体育游戏作为一种社会现象，是随着人类社会的产生和发展而出现和演进的。在人类社会漫长的历史中，体育游戏经历了一个由萌生、发展到不断完善的过程。

体育游戏产生的动因：共产主义创始人把"需要"看成是人类活动的激活剂。社会现象和生命现象，无一不以社会需要和人的需要作为产生、存在和发展的依据。也可以说人的活动是由需要引起的，需要是人能动性的源泉和动力。马克思曾指出："我们首先应当确定的一切人类生存的第一个前提，也就是一切历史的第一个前提。这个前提是：人们为了能够创造历史，必须能够生活。但是生活，首先就需要衣、食、住以及其他东西。因此第一个历史活动就是生产满足这些需要的资料，即生产物质生活资料本身。"在漫长的原始社会，人们生活在极其艰险的环境中，为了生存，原始人不得不用低下的智力和体力与大自然抗争。在为生存而挣扎的过程中原始人认识到：必须不断改善自己的体力和智力，提高人类自身与大自然抗衡的能力。于是，人类的眼光开始从自然转向自身与大自然抗衡的能力。人们把在不同环境条件下获取食物和防御兽类的走、跑、跳跃、投掷、攀登、爬越、游泳等各种活动技能进行模仿再现。并把这些技能和经验传授给下一代，于是就出现了人类最初的"教与学"形式。教育和培养下一代的生活

❶ 全国人大. 中华人民共和国体育法［Z］. 1995-08-29.

经验和劳动技能，并以此为谋生和改造自然的一种手段。这种有意识、有目的的技能再现和传授的教育活动，构成了人类社会中最早的游戏雏形。

另一方面，原始人尽管需要水平很低，但除了劳动需要、防卫需要，他们也有思想感情，喜怒哀乐，他们有交往的需要、有同疾病作斗争的需要、有表达和抒发内心情感的需要。归纳起来，就是人需要进行精神调节。因此，原始人类狩猎满载而归、劳动丰收或遇到意外危险死去亲人同伴时，会产生喜怒哀乐的心理情绪冲动，并通过一定的活动形式表达出来。或哭或笑，或唱或跳，或手舞足蹈，以抒发内心的情感，获得心理上的满足。人类早期的这些表达内心某种激情的活动，一旦被认识，就与本能活动区别开来，形成原始游戏形态的早期萌芽。在体育游戏的产生萌芽过程中，人的动物行为本能、人在心理上的原始倾向、儿童的模仿天性起到了很大的促进作用。人类最初的体育游戏既具有动物的特征又具有与动物的本质区别。人类的这种体育游戏由生产过渡到非生产性活动，经历了极其漫长的岁月，经历了一个由不自觉到自觉的过程。也就是说体育游戏由原始人类"本能"的生产性活动，发展变化成了有意识的以满足人类心理、生理需要为目的的活动。这一过程的根本动因是人类社会生产和生活的需要和人本身的生理、心理需要。

二、体育游戏的演进和发展

体育游戏随着人类社会的发展而产生、发展并日趋完善。在体育游戏的发展过程中，社会生产力的发展起了决定性的作用。体育游戏是一种非生产性的、以改造人类自身为目的的活动。它的发展取决于社会生产力为人们提供了多少剩余产品和多少余暇时间。生产力的发展决定着体育游戏的发展规模，科学技术的进步改变着体育游戏的活动形式。

在原始社会，生产力水平低下，人们为生存而挣扎，体育游戏活动处于半盲目且意识模糊状态，游戏极其简单、原始，还未从生产性的活动中分化出来。在奴隶社会，有了剩余产品，产生了阶级分化，奴隶主阶级有了大量余暇时间，而奴隶阶级却连人身自由都没有。体育游戏为统治阶级所占有，为其阶级利益服务，作为他们乞神和自我娱乐的工具；并且从其他社会活动中逐渐分化出来，成为独立的非生产性的活动，形成了体育游戏雏形。但游戏者仅限于统治阶级，不可能有较大规模的发展。到了封建社会，生产力发展，社会进步。解放的奴隶成为农民，有了人身自由，有了空闲时间，就产生了市民游戏；同时，体育游戏成为训练士兵、加强军事力量的手段。这一时期，体育游戏有了较大的发展规模，出现在一般人的休闲中，出现在大型的商业和文化活动中，开始成为平民教育中的实用手段。随着社会化大机器生产时代和电子时代、信息时代的到来，生产力有了巨大的飞跃，人类可以从繁重的体力劳动中解放出来，有了大量的余暇时间，人们开始为了游戏而游戏，希望从体育游戏中发泄自己过剩的精力，改善身心健康。因而体育游戏有了最广泛的基础，活动形式推陈出新，有了全新的发展，成为人类的一种新型的独立的休闲生活方式。体育游戏无论作为体育教学、运动训练手段，或是群众性文化娱乐、体育锻炼的活动方式，都具备了巨大发展潜力。

体育游戏作为人类实践活动之一，也受到推动人类和社会发展的诸因素的直接和间接影响。人类文明的进步、思维能力的增强，丰富和规范了体育游戏内容。人类生产工具和军事武器的改进，也使体育游戏更具有多样性、趣味性和竞争性。宗教活动的进行，使游戏得到广泛传播。教育的发展不仅使体育游戏更广泛地得到开展，同时使之不断更新。而大学的体育游戏不仅仅只是单纯的"玩"，而是培养大学生如何提高自己对体育游戏的组织、安排和实际操作能力。同时，本着健康体育和休闲体育的自身发展特征，突出学生对健康和快乐追求的天性，以增强学生的体质，全面发展为主要目标。进行从师能力的培养。❶

第二节　当代体育游戏健身特点与价值

一、体育游戏的特点

体育游戏与一般游戏不同，与体育教学和运动训练也不同，它有其自身的特点。

---

❶ 体育总局，教育部关于下发《体育传统项目学校管理办法》的通知［J］.教育部政报. 2000(09).

（一）娱乐性

消遣娱乐是游戏的本质特点，而体育游戏是一项既伴有身体活动又伴有智力活动的轻松活泼的活动。由于它富有娱乐趣味，故吸引着许许多多的参加者。人们在游戏中可以有趣味地参与竞争，在竞争中体验着愉悦，并不知不觉地接受教育，在增强体质的同时又促进心理健康，这一切都说明了体育游戏所具有的独特魅力。

体育游戏的娱乐性和趣味性与大学生的生理和心理发展要求相适应。根据这一特点，我们可以在体育教学中适时采用游戏方法。如当学生学习某些项目或动作因为单调重复而感到枯燥厌倦时，可穿插一些体育游戏，能起到集中注意力和提高兴奋性的作用。把某些体育教学内容以体育游戏的方式进行，可得到事半功倍的效果，某些基本技术教学还可以运用体育游戏的方式进行诱导，以缩短运动技能形成过程，对于提高教学质量有着积极的作用。大学生也可以在余暇饭后，主动参与一些比较简单又富有趣味的体育游戏活动，达到愉悦身心的目的。

（二）竞争性

大多数的体育游戏都伴有一定的竞争性，一般是以争夺最后的胜利而告终。体育游戏胜负的评判是以完成任务的数量、质量、速度为基本指标。在完成任务过程中，游戏者既有体力竞争者也有智力竞争，而最后胜利往往是体力与智力的共同结晶。因此，好的体育游戏不仅可提高参加者的身体活动能力，还可培养他们的思维能力，创造能力、应变能力和进取精神。而且，体育游戏的竞争，不同于竞技体育的竞争，它没有过度紧张，完全是在娱乐中有趣味的竞争，并在竞争中得到快乐和满足。

（三）普遍性

体育游戏综合多种活动技能，内容丰富，形式多样，便于普及。任何一种体育运动项目都可以有自己的游戏内容。如田径中的跑、跳、投；球类中的足球、篮球、排球；体操中的技巧与器械动作都可成为游戏内容。体育游戏不受年龄、性别、文化程度、工作职业等因素的影响，男女均可，老少皆宜，便于展开。每个人都可以根据自己的兴趣与需要参加体育游戏。体育游戏不受场地、设备的限制，既可在运动场，又可在教室内；既可在山坡草地，又可在海边水中。游戏规则易掌握，方法灵活多变，体育游戏简单易行，具有广泛普及性。

（四）目的性

体育游戏是一种有意识的行为。它具有明确的目的，即增强体质、增进身心健康、消遣娱乐。体育游戏可加快参加活动者的新陈代谢，调整大脑神经系统，提高运动器官及内脏器官的功能，从而起到增强体质、提高活动能力、焕发精神、延年益寿的作用。体育游戏还可以针对不同的对象来实施教育，如对集体主义、爱国主义、团结友爱、遵守纪律等品质的引导教育。体育游戏有着极为丰富的教育内涵，参加者通过游戏在思想、行为、心理诸多方面有所受益。除此之外，体育游戏的目的性还表现在它能针对体育课的不同结构合理安排运动负荷。如准备部分的游戏可起到准备活动的作用，而结束部分的游戏则可使身体放松达到消除疲劳的作用。

二、体育游戏的价值

体育游戏是一项很有价值的活动，人的一生都离不开体育游戏，它对于发展身体、成长教育、改善心态、开拓思维、适应社会环境等方面都有着积极意义。

（一）锻炼身体，增强体能

体育游戏是一种积极有效的身体锻炼手段。它有着良好的增强体质的效果。经常参加体育游戏活动，对改善身体状况，增强身体素质，发展基本活动能力和提高对各种自然环境的适应能力均有着重要意义。

高等艺术院校中的大学生正处于长身体的关键时期，养成正确的走、跑、跳、技等基本活动能力有利于其生长发育。体育游戏中有大量适合在青春期开展的形式和内容，对于大学生身心健康有特殊的价值。因此体育游戏是大学生体育中不可少的内容和手段。

青年人的身体在形态上已经趋于完成，是提高身体素质的大好时期。由于素质练习内容单调枯燥，很难可以引起他们的兴趣。而体育游戏则可把单调枯燥的素质训练内容变得趣味无穷。如角力、搬运、连拍、接力等体育游戏对发展青年的各种素质起着重要作用。

中年时期，机体平衡逐步向分化代谢多于合成代谢的方向发展。经常参加体育锻炼，有利于新陈代谢的平衡，对于防止各种急慢性疾病的发生、病后身体的恢复都是十分重要的。但是中年人往往工作安排紧张，家务负担沉重，很难有大量时间用于体育锻炼。而体育游戏不拘形式，花费时间少而且效果显著，既可互娱又可自娱，因此体育游戏是中年人进行体育锻炼的最好选择。

对于退休后的老年人来说，保持头脑清醒敏锐，手脚灵便十分的重要。可适当选择一些运动量较少的集体性体育游戏活动，可以调节精神、活动筋骨，达到增强体质的效果。

（二）教育目的与全面成长

游戏伴随人的成长，而每一个游戏都有着其特有的教育内容。因此，教育、成长和体育游戏已构成一个整体。

体育游戏对学前儿童来说，内容丰富多彩。儿童在进行体育游戏的过程中，处在自由自在的环境里，个人的才能得以全面地发展，身心得到了锻炼。特别是体育游戏的形式多种多样，利用游戏的形式可以教育和培养儿童的劳动习惯和生活技能，发展他们的思维能力并促进其智力的发展，对他们的成长来说无疑具有重要意义。少年儿童认识世界往往是通过感觉器官直接感觉。而体育游戏正是他们认识世界的一种有效手段。例如，通过打躲避球，他们学会了躲闪和投掷；通过跳橡皮筋，他们学会了许多复杂动作，同时也掌握了橡皮筋的弹性；通过运球游戏，他们可理解球的滚动，建立了球的概念。体育游戏是小学生体育教学的重要内容。由于体育游戏的条件和环境经常变换，这对于儿童的智力发展、身体发育都会起良好的作用。特别是体育游戏有一定的规则，这对培养儿童的组织性、纪律性方面也有一定的积极作用。随着学生年龄的增长，已不能满足小时候的体育游戏。因此，他们在学习和尝试新的体育游戏，以便在新的游戏中得到新的知识。青少年儿童在体育游戏中成长，在体育游戏中得到教育。

（三）改善心态与树立信心

人们由于各种各样的原因，会暂时失去心理平衡；也会由于对已经发生的事产生错误理解或对未发生的事故怀有恐惧，降低心理承受能力。心理状况的不稳定和心理素质水平的低下，都可能会对学习、工作、生活造成潜在的威胁。体育游戏对于改善心理状况，提高心理素质水平有一定作用和价值。

1．提高自信心，敢于竞争

很多青少年，由于一开始的自我期望过高，一旦碰到难题和挫折，就会陷入困惑而失去应有的自信心。这种心理状态下的青少年，往往害怕失败而不敢去竞争。体育游戏以其丰富有趣的活动形式，使每个参加的人都有可能获得胜利，使每个人都能在生活中充分发挥自己的能力，起到提高人们自信心的效果。

2．改进注意分配，适应复杂环境

在各行各业的工作中，有许多工作要求训练有素的注意分配能力。有些人由于不能在复杂的环境中合理地调整自己的注意分配而面临困境。体育游戏中有专门一类集中注意力的项目，对训练各类人员的注意分配有一定的价值。

少年儿童时期，是发展注意稳定和注意分配的敏感期，有意识地安排一些含有"一心二用"要求的体育游戏对提高这方面的心理素质水平可取事半功倍之效。

3．磨炼意志，敢于在失败中取得成功

在现实生活中，充满着各种各样的竞争，成功固然可喜，失败往往也在所难免，能做到"胜不骄，败不馁"是心理素质好、意志坚强的表现之一。体育游戏就是在竞争中频繁出现胜负的活动，有利于磨炼意志，鼓舞人们在失败中看见成功的希望。

（四）开拓思维与扩宽眼界

体育游戏不是单纯的活动性游戏，是以体力活动结合智力活动，全面发展身心的体育教育手段。在体育游戏中，单靠身体力行并不足以取胜，往往要靠灵活的、有创造性的思维活动来辅助。体育游戏不像球类竞赛等竞技运动，有时规则是颇有漏洞的。这就为每个参加游戏的人留下了思考和创造的余地，尽管有时难免涉嫌"取巧"。大多数的少儿体育游戏具有情节化的内容，这也有利于培养少儿的形象思维能力。

想象力是创造思维能力，没有丰富的想象力被认为是能力发展的重大缺陷。体育游戏中，就时时会出现大量发挥想象力的机会，如：绑解手帕接力游戏的手帕如何"绑"？如何"解"？"前后靠"追拍中如何追？如何逃？有想象力的参加者往往通过想象判断，做出最佳的选择。体育游戏中环环紧扣的变化动作和规则重点的转换，又要求参加者从已适应向不适应过渡，从成功的判断向新的成功判断推进，这往往都取决于其思维能力，特别是灵活变通的思维想象力。

（五）适应不同社会环境

能否适应社会取决于能否正确地处理多种矛盾，其中不断改善人际关系至关重要。人际关系的融洽是事业成功的支柱，也是心理情绪稳定的重要条件。当代社会是信息交流的社会，很难想象一个内心封闭，人际关系紧张的人能为社会接受。人只有正确地认识人际关系的重要性，才能理解别人，理解周围；才会与同事、同学协调配合。体育游戏提倡协调配合，提倡个人成功在集体的成功之中，不计较个人的一时功过，这些都有利于团结，是改善人际关系的有效方法。体育游戏本身就可以使人走向集体，形成和谐的群众关系。

体育游戏作为多类别、多形式的自身活动和集体活动，肯定还有其他方面的价值或潜在价值，有待于参加者去发现和挖掘。而发展身体、辅助教育与成长、改善心态、开拓思维、适应社会环境，是体育游戏的基本价值所在。

第三节　当代大学体育游戏的创编与教学

一、大学体育游戏创编的基本原则

在高等艺术院校中体育游戏的创编应以艺术院校中的大学生为特点主体，要有利于学生的个性发展，体现其旺盛的和朝气和活力。应具备以下几个原则：

1. 锻炼全面性原则

锻炼性是体育游戏最本质的特征。应根据参加体育游戏者的年龄、性别以及实际活动能力等特点来确定相应的运动负荷量、动作难度及活动方式；根据参加体育游戏的人数、时间、场地、器材等条件来确定个人活动占时数和单轮活动的占时总数及游戏活动的路线等。如人数较多时，应避免创编费时过多的轮流比赛性质的游戏；尽量创编每人可以有均等活动量、动作较活泼、自然而又富有竞争性的游戏；应创编那些游戏规则较简单、活动方法较实用，不造成游戏过程中费解、费时的游戏。总之，要让学生饶有兴趣、富有吸引力、简单易行，做到在较短时间内取得较大的锻炼效果。

2. 人文教育性原则

体育游戏作为学校体育的一项重要内容或一种辅助手段，不仅应具有锻炼身体的价值，而且还应具有思想教育的价值。要有意识、有目的地促进学生身心的全面发展。体育游戏的教育作用必须与游戏的内容、方法、组织形式等有机结合，融为一体，寓教育于游戏活动之中，如为培养学生顽强的意志品质，可创编有一定动作难度的"支撑跳跃""障碍跑接力"等游戏；为培养学生团结合作的集体主义精神，可以设计分队竞赛的游戏形式和个人得分与团体积分相结合的记分方法等；为培养学生的思维能力和创造能力，在构思完成游戏的方法时，可留有一定余地，千方百计地启发学生的思维，培养学生的创造能力。另外，体育游戏的名称要既能反映游戏的具体内容，又具有一定的教育意义。游戏后的奖罚也应考虑不同参加者的承受能力，力求合理可行。而当代的体育教学也随着社会的变革更具有人性化、社会化，使学生在上课时不单单能锻炼到身体而且又提高了自己的心理素养和社会适应能力，主要表现为体育课是班级的集体课，而不是教室内的周围三四个人的接触，是随机的同学间的接触（如游戏中互相保护、帮助），具有不确定性，这更加锻炼了学生的适应和应变能力。因此，体育课不单单只是过去俗称的"自由活动课"，而是具有方方面面的实际操作的"动手课"，其中体育人文是不可忽视的一个环节。

3. 趣味性原则

趣味性是体育游戏的又一基本特征，如果体育游戏缺乏趣味性，将从根本上失去对学生的吸引力。为了提高体育游戏的趣味性，应根据参加体育游戏的人群特点和素质、技术及智力水平，在游戏的竞争强度、动作的设计、胜负的判定以及游戏的情节等方面多下功夫。增加体育游戏的竞争性，主要是从游戏的活动形式和分组两方面来考虑。一般来说，各种内容和各种形式的接力游戏，竞争较为激烈，而实力大致平衡的分组是公平竞争的基础、趣味竞争的保证。

提高动作设计的趣味性，主要是看动作设计是否新颖、惊险（惊而无险）、激烈和有一定难度。如使生活中的常用动作戏剧化；用变异的动作代替习惯动作；用器械来限制动作的幅度和速度；把较难的专项技术动作简化；让平时常用的动作在较高的要求下完成等。在制定判定胜负的方法时，为增强趣味性，可同时兼用计时和记数法，也可运用个人得分法结合团体积分法以及限制加倍积分法等。而游戏中考虑带有一定故事情节，主要出现在少儿体育游戏中。

4．安全性原则

促进学生的身心发展是体育游戏的根本目的。因此在创编体育游戏时应特别注重安全原则，对游戏的各个环节均应落实"安全检查"。一是看设计的动作是否容易引起伤害事故，动作幅度较大时，应考虑避免发生肌肉拉伤的具体对策。二是看游戏的组织教法是否合理，在使用投掷或负重器械时，要考虑避免因器械使用不当或掷出、拾回投掷器械的时机不妥而发生的伤害事故。三是看规则制定是否严谨，如"反应追拍"游戏中不准推撞或重拍游戏者，跑动的线路也要予以规定，以免发生伤害事故。四是看场地的安排是否注意了安全因素，如每队每人之间的左右距离、前后间隔是否恰当，在狭窄的活动场地中，还要考虑避免因周围的障碍物引发的意外事故等。

5．全面针对性原则

体育游戏是一种有意识、有目的的教育活动，只有根据参加者的年龄、性别、心理特点及身体素质训练水平，并紧密结合课的内容和任务，有的放矢地创编体育游戏，才能够达到预期的效果。

一般来说，针对少儿适合创编动作难度和运动量较小，并富有一定情节和遐想余地的体育游戏；针对高中生或大学生则可创编动作难度和运动量较大，竞争较激烈，对判断反应要求较高的体育游戏；而对于有一定身体素质和训练水平的校代表队来说，创编竞争激烈，含有专项技术和专项素质要求的体育游戏能获得较好的训练效果。

创编体育游戏时必须要与教材的内容、教学的任务有密切的联系。如创编与基础教材接近或难度较低的诱导性游戏，能使游戏参与者大脑皮质的相应中枢先有粗糙的分化过程，对学会基本技术动作十分有益。也可把单一的或组合的基本技术动作作为游戏中动作设计的核心部分，以达到巩固提高基本技术或熟悉简单战术的目的。总之，针对体育课各部分的内容和任务，创编事宜的体育游戏，作为提高学生的练习兴趣、集中注意力、调节情绪、恢复体力、提高身体素质、掌握基本技术和战术等的一种辅助方法和手段，定将产生显著效果。

我们知道，体育游戏的创编原则，以对立统一的形式存在于创编体育游戏的全过程。其统一性主要表现在各原则相互加强，提高创编游戏总体质量上。如趣味性原则可以加强教学效果，而安全性原则可以保证充分发挥游戏的各种功能。然而，各原则之间还存在相互对立、相互制约的一面。如为了提高游戏的趣味性，就要增加动作的难度、增加游戏的竞争因素、对抗程序等，而这些因素的加强，就容易导致安全性的下降。因此，体育游戏创编者的水平，一方面体现在如何充分利用各原则的统一性上，使其相互促进；而另一方面则体现在如何处理各原则之间的相互对立、相互制约的关系，最大限度地去减少它们之间的相互干扰。

二、大学体育游戏的创编方法与步骤

（1）明确游戏的目的任务。

（2）选择游戏的素材。

（3）确定游戏的方法。

（4）制订游戏的规则。

（5）确定游戏的名称。

（6）提出游戏的教学建议。

（7）体育游戏的书写格式。

三、大学体育游戏教学原则

1．教师主导性原则

以学生为学习的主体，教师在体育教学中要起主导作用，通过教师的主导作用使学生学会学习，并且参与到游戏的实践当中去。

2．教育性原则

在对学生进行游戏教学过程中，游戏的选择要有一定的教育意义和思想教育性，以便能培养学生的积极向上的思想品质。

3．锻炼性原则

让学生在体育游戏教学中，身体和思想得够到充分的锻炼和放松，以达到全面发展和锻炼目的。

4．娱乐性原则

让学生在愉快的气氛和环境下进行一系列的游戏活动，让学生在轻松、自由的氛围中进行身体锻炼。

四、大学体育游戏教学的特点与形式

体育游戏具有明确的活动目的，这种目的就是以增强体质为主，其次是发展智力和获得娱乐。参加者不受年龄和性别的限制，游戏形式多样并且多变，对场地和器材的要求也有很大的伸缩性，游戏的动作、线路、规则等内容都具有很大的可变性。比如，根据学生的具体情况和不同要求，游戏动作可做出相应的变动，可以是正常的走、跑、跳、投掷、攀登等，也可以是变异的走、跑、跳、投掷、攀登等等；可以徒手，也可以带各种器械进行；可以是严格规范化的，也可以是一般要求的。又如活动路线，可以是直线的，也可以是曲线的；从出发点到达终点，可以是一次性的也可以是接力形式的。再如规则，既可尽量地详细，亦可只粗略地规定主要的几条。当然，规则的变动应根据体育游戏的动作、线路以及目的来考虑。体育游戏活动对场地和器材的要求较低，如场地条件一般可用学校内现有的小块空地和操场进行，也可利用山坡、滩地进行。有的游戏还可以在教室内乃至走廊上进行。又如器材条件，一般可用现成的体育器材，如各种球、圈、棍棒等，也可以用各种随手可得的物件代替。在教室中进行活动，则可以用各种小物件、小器械进行搭配、代替。

五、创编体育游戏应注意的事项

为了使体育游戏在课上达到预期的目的，获得良好的效果，除了有针对性地选择游戏内容和合理地组织教学工作外，还应注意如下事项：

1. 要突出和强调游戏的组织纪律性

良好的组织性和纪律性是使游戏顺利进行的重要条件。为此，加强学生的组织性和纪律性是十分必要的。具体表现在听从指挥、执行规则、服从裁判等方面。如分队、分组后，各组都要按照规定的要求迅速将队伍排列整齐；听到比赛信号后，要按照规定的方法和规则进行游戏。如不按次序或不按规则进行，就很容易出现伤害事故或造成混乱局面，从而直接影响到游戏的进行。在游戏中出现不遵守纪律的现象时，即使是个人，也要立即停止游戏活动，对违反纪律或规则的学生应给予必要的批评和教育，并以此教育全体，保证游戏课的顺利进行。

2. 要掌握和激发学生在游戏中的情绪

学生在游戏进行中的情绪如何，是衡量游戏课教学效果的重要标志之一。成功的游戏，可使学生气氛活跃，情绪高涨。要激发学生在游戏中的情绪，一定要因人、因时、因地制宜地选好游戏内容。因为同样的游戏内容，在不同对象、时间、地点使用，学生所表现出的情绪往往是各不相同的。如选择某一个游戏，很受女生欢迎，游戏进行起来，他们的情绪会非常高涨。但同样是这个游戏，男生却不感兴趣。又如场地的大小和学生的多少，对游戏者的情绪也很有影响。一个有趣的体育游戏，如果参加的人数比例适当，场地的大小也合适，则游戏场上必定出现一片欢笑声，同时学生们会表现出高昂的情绪。这样，参加游戏的学生就在活动中不知不觉地得到了教育和锻炼。如果人多场地小，就难于活动，勉强进行就会使学生的情绪受到压抑，因而会影响到游戏的效果。另外，还要注意因时制宜，如一个运动量较大的游戏，即使在同一场地上进行，一般来说，在冬季进行要比夏季进行更受学生的欢迎。此外，在游戏的进行过程中，教师还要善于观察学生体力情况并及时调整比赛各方的力量，如经常提醒和指导实力较差的一方，或变换游戏方法等等，使双方的对抗尽量处于平衡，让所有人自始至终保持高昂的情绪，以取得最佳的效果。

3．要言传身教，全面关心学生

在体育游戏活动中，教师的以身作则十分重要。教师如果能以游戏者的身份出现，直接参加并做示范动作，既利于密切师生关系，又有利于调动全体学生的积极性。

教师要全面关心学生，特别要关心体质较差或有残疾的学生，让他们进行简单易行而力所能及的游戏活动，使他们体质上得到锻炼，精神上也享受到集体的温暖和平等的待遇。

4．要注意安全，防止伤害事故的发生

进行任何游戏都必须注意安全，伤害事故一般是由于课前的准备工作不充分，或组织不严密，或思想上不重视。因此，首先在思想上要高度重视并采取切实有效的措施，加以预防。如使用的场地要平坦、不滑，使用的器材要牢固、光洁，发现有问题要立即停止使用。游戏的难度不能超出学生的体质、素质、技术水平等客观条件，在进行运动量大的游戏前，要做好心理和生理上的准备，以免发生关节扭伤和肌肉拉伤等现象。游戏中还要注意观察学生体力的变化情况，当学生感到疲劳时，要及时、果断地结束游戏。

综上所述，体育游戏是体育教学的重要内容，也是帮助完成教学任务的一条有效途径。在教学中根据学生的心理和生理特点，使用不同的教学内容和组织形式。选择和运用游戏教材时注意趣味性和教育性相结合，竞争性和安全性相结合，活泼性与管理的科学性相结合。只有这样才能更好地激发学生的学习积极性，从而达到锻炼身体、增强体质、开发智力、增长知识、陶冶情操、提高健康水平的目的。❶

第四节　跑、跳、投体育游戏在当代大学体育教学中的应用

跑、跳、投是现代体育活动中的最基本的一种形式，也是在实际教学中应用

---

❶ 体育总局,教育部关于下印发国家级体育传统项目学校评定办法、标准及评分的通知[J].教育部政报.2003(06).

最广泛的一种组织活动形式。

一、迎面接力跑

1．游戏目的

发展速度素质和快速反应的能力，培养集体意识和团结协作精神。

2．场地器械要求

平整场地一块，接力棒或其他便于传接物品若干。

3．游戏方法

学生分成人数相等的两队，各队再分成两组，相距30米面对面成纵队站立，一组排头持棒站在起跑线后。发令后，排头迅速起跑，将棒交给本队另一组排头，然后站到排尾，依次进行，每人跑完一次，先跑完的队为优胜。

4．游戏规则

（1）接棒时学生不得越出限制线。

（2）棒必须交到手中，不得抛接，掉棒时由本人去拾起。

5．注意事项

练习前做好准备活动，避免不必要的受伤。队形也可成横向站立，便于加油和观看。

二、蛇形跑接力

1．游戏目的

发展速度，提高灵活性，培养协作精神。

2．场地器械要求

平整场地一块，标杆或其他便于代替物品若干。

3．游戏方法

将学生分成人数相等的两队，成纵队站在起跑线后。发令后，第一人绕杆跑进，抵终点折返回来，击本队第二人的手后到排尾站立。后边依次进行，以先到终点为胜。既可以在往返时绕杆跑进，也可采用迎面接力的方式。

4．注意事项

（1）绕杆跑进中将杆碰倒者需要自己扶起。

（2）必须绕过每一个杆后经终点标志杆后返回。

（3）击手必须在起点标志杆侧后进行。

三、喊号逐跑

1．游戏目的

发展即时反应及加速能力。

2．场地器械要求

平整场地一块，根据游戏人数划一适当大小的圆圈。

3．游戏方法

学生在圆圈外站立。从排头开始 1～4 向后报数。要求每人记住自己的号数。游戏开始后，每人按规定方向沿圆圈慢跑，在跑步中听到其他学生喊出"某"号时，该号数的人立即离队从队外沿圆圈向前疾跑去追赶前面的同号人。在跑回原位之前以手触及前面同号者得一分。如追不上，跑至自己原位时归队，重新开始。

4．游戏规则

（1）追逐者必须从圈外跑。

（2）没叫到号者不得阻拦。

5．注意事项

圆圈的大小可根据人数的多少进行适当调整。应考虑到叫号人与被叫人的距离须适当。

四、交换球接力

1．游戏目的

提高奔跑速度和灵活性。

2．场地准备

在地上划一条线作起跑线，在线的正前方，每隔 6～8 米划一个圆圈，每组

2~3个，划若干组。

3．游戏方法

将学生分成4~5人一组，成纵队站在起跑线后，每组第一个人的前脚踏在起跑线上，并拿三个小球做好比赛准备。鸣笛后，每组的第一个人向前跑并把三个小球依次摆进小圆，跑回起跑线由第二个人接力跑，把三个小球拿回交第三个人去放，直到全组放完，先完成的组为获胜。

4．游戏规则

（1）球必须放在小圆内，如若滚出应重新放好。

（2）中途掉球，则捡起来继续比赛。

5．教法建议

小圆之间的距离远近，可根据学生情况决定。各组之间要有3米以上的空间。

五、二人双足跳

1．游戏目的

发展下肢爆发力，增强腿部力量。

2．场地准备

平坦场地一块。

3．游戏方法

两人一组，互用右手握住对方的左脚，左手搭肩，组成一对"两足人"。发令后，"两足人"用侧跳的方法跳至终点，再迅速换成左手握右脚组成"双人足"跳回至起跑线。先到为胜。

4．游戏规则

（1）"两足人"若中途脱手，应立即重新组合好后再进行前进。

（2）换握必须在两人均过终点线后进行。

5．注意事项

（1）可让学生先做"两足人"的练习。

（2）注意安全，尤其是膝关节应充分活动开。

（3）距离可根据学生情况安排。

六、猜拳跳远

1．游戏目的

发展跳跃能力。

2．场地准备

在平整场地上划两条平行线，相距适宜。

3．游戏方法

学生两人一组，游戏开始，游戏者要娴熟猜拳口令，即象大于虎，虎大于鼠，鼠大于象。象跳三次，虎跳两次，鼠跳一次。学生两人一组，一人猜拳喊口令，一人等待立定跳远，以先到达终点组为获胜。游戏重新开始后，跳者与猜拳者互换。

4．游戏规则

跳后双脚不得向前移动。

5．注意事项

跳者应注意安全，场地距离可根据实际情况进行调整。

七、跳障碍

1．游戏目的

提高快速跑动中的灵活性。

2．场地准备

平整场地一块，划出间隔40厘米、90厘米的隔线和直径40厘米的圆，位置可根据情况适当调整。

3．游戏方法

每个隔间和每个圆内允许单脚依次着地。可按人计时比赛，也可分组进行比赛。

4．游戏规则

脚触线或漏过每一个障碍扣一分。用时少、扣分少者获胜。

5．注意事项

跳跃可采用单足跳，也可采用双足跳；游戏前应注意热身，避免意外伤害。

八、双脚跳绳接力

1．游戏目的

提高跳跃能力和动作协调性。

2．场地器械准备

平整场地一块，跳绳若干根。

3．游戏方法

游戏者分成两组，成纵队在起点线后分别站好，排头持绳做好准备。听到出发的口令后，双脚跳绳到前边转折点后返回，第二名队员接绳后继续前进，依次进行，先到终点者获胜。

4．规则

（1）只许双脚跳，不许单脚跳。

（2）交绳必须在起点线后进行。

5．注意事项

根据学生情况可采用各种跳法。

九、运球投篮

1．游戏目的

培养身体动作性的协调性。

2．场地器械准备

篮球场一块，篮球若干个。

3．游戏方法

游戏者分成人数相等的两组，成纵队分别站在两端线的右侧。游戏开始后，各队第一人快速运球到对方篮下投篮，投中后运球回来交给本队第二人，依次进行，先完成的队为获胜者。

4．游戏规则

（1）运球时，球若脱手，应在脱手处重新开始。

（2）交球只能用手交手的方法，否则传接无效。

（3）投篮不中，运球回来无效。

十、拾放球投篮接力

1．游戏目的

提高在快速运动中，拣地面球及快速运球上篮的能力。

2．场地器械准备

两个篮球，一块篮球场。

3．游戏方法

把学生分成人数相等的两队，分别站在两端线外，中线两端各放一个篮球，游戏开始，各队排头快跑到中线，捡起地面上的放好的球，快速运球上篮，投中后按原路线运球到中线，把球放在地面上后再跑回端线，下面的队员按同样的方法进行，直到全队做完。速度快的一队为胜。

4．游戏规则

（1）每次投篮命中后才能返回。

（2）前一名队员回到端线后，后一名队员才能出发。

5．注意事项

比赛为了增加难度，可以改变方向，使左右手都得到锻炼。

十一、折线运球竞赛

1．游戏目的

提高在快速运动时的变向能力。

2．场地器械准备

两个篮球，一块篮球场。

3．游戏方法

把学生分成人数相等的两组，分别站在同一端线的两个场角上，排头各持一球。游戏开始，学生依次按示意图路线运球接力比赛。运球返回时仍按原来路线，运行速度快一组为胜。

4．游戏规则

（1）运球变向时，必须有一只脚先踏入罚球线、边线的中心、前场场角上。

（2）交接球必须在端线外进行。

5．注意事项

根据游戏者的实际情况可适当地改变运球方式。

十二、抢截球竞赛

1．游戏目的

发展和提高反应、判断能力，培养团队协作意识。

2．场地器械准备

排球场一块，排球一个。

3．游戏方法

在球场上，8～12人分为两队，比赛以跳球开始，得球一方在同队之间连续传接10次而不被抢断则得1分。如传球不到10次时而球被断走则取消已传次数。抢断到球的一方应在同队之间传递，争取得分。在规定的时间内得分多的一队为胜。

4．游戏规则

（1）持球学生不得走两步以上，不得运球。

（2）抢、断球时不得有犯规动作。

（3）同队之间传球超过10次，而球未被抢断去，可继续得分。

（4）每传递球一次，传球人高喊出次数以便大家知道传球次数。

5．注意事项

（1）注意正确的传球姿势和动作要领。

（2）也可采取打擂台方式进行比赛。

十三、快速传球

1．游戏目的

提高传、接球的速度和准确性。

2．场地器械准备

篮球或排球若干个。在场地上划若干组相距3米的平行线。

3．游戏方法

教师将学生分成人数相等且成偶数的若干组（10人一组为宜），每组成两列横队，面对面，保持适当间隔站在两条平行线上，各组排头手持一个篮球。游戏开始后，排头按规定的传球方法顺序传球；最后以球回到排头手中为止，先完成的队为胜。

4．游戏规则

（1）必须按规定的方法传球，传球的顺序和路线不得变更。

（2）传球失误时，必须将球拾起并跑回失误的地点后才能继续传球。

（3）传球时，脚不得踩线和越线。

5．注意事项

（1）此游戏的传球方法、距离可根据实际情况变换。

（2）可用篮球或排球替换。

十四、集体过障碍

1．游戏目的

提高协作意识，培养集体主义精神。

2．场地器械准备

跳箱两个，鞍马两个，双杠两副。

3．游戏方法

把学生分成人数相等的两组，各成一路纵队前后拉手站在起跑线后。教师鸣笛后各队集体向前跑，攀过跳箱，钻过鞍马，绕过双杠，再集体返回并站好队。以动作快，脱手少和队形齐的一队为优胜。

4．游戏规则

（1）每脱手一次扣一分。

（2）如行动路线不符，判作失败。

5．注意事项

（1）在设备不足条件下，可因地制宜利用自然物如小树、矮墙、台阶、土坡或架设简易障碍，要尽可能使两队条件相同，距离相等。

（2）应在教师指导下进行，避免意外运动伤害。

十五、快速集合

1．游戏目的

提高集中注意力和快速反应能力。

2．游戏方法

把学生分成人数相等的若干组，之后宣布"解散"，当听到"立正"的口令时，应原地站好保持冷静，教师交换指挥位置以后再发出"面向我成班成横队集合！"的口令，各组应按照队列要求马上整队，以动作准确、行动迅速的一组为优胜。

3．游戏规则

（1）整队时各队应按高矮顺序排列。

（2）动令下达后方可行动。

4．注意事项

（1）游戏中应要求学生做到"快、静、齐"。

（2）教师位置改变的要突然，并应附带有两臂姿势的要求。

十六、有效与无效口令

1．游戏目的

集中注意力，提高兴奋性。

2．游戏方法

学生成班成横队站立，教师下达队列口令前加"注意"二字为有效口令，不加"注意"为无效口令。有效口令下达后应立即行动，无效口令下达后，保持原有姿势不动。

3．游戏规则

动令下达后动作慢半拍的学生为失误。

4．注意事项

（1）发口令时尽可能做到变化无方。

（2）次数不宜过多。

十七、换位

1．游戏目的

提高反应速度和动作的敏捷性。

2．场地准备

平整场地一块，划两条平行线。

3．游戏方法

把学生分成人数相等的两组，成两列横队面对面站立，间隔3米，选出一人做守卫人，站在两列横队的中间。游戏开始，队列中的人争取与对面的人相互换位，而不被守卫人发现，守卫人要竭力监视所有企图换位的人，一经发现立即喊出他的名字。被喊出名字的学生要与守卫互换位置，游戏继续进行。

4．游戏规则

（1）换位必须双方互换，只有一方换过去时若被守卫人喊出名字也算被发现。

（2）守卫发现换位，必须在其换位动作完成前喊出名字。

5．注意事项

换位学生应错开站位，避免换位时发生相撞。

第六章

当代拓展体育概述与发展

第一节　当代拓展体育起源与发展

一、拓展体育概述

当今，拓展运动在中国已发展了近50年，因其独特的功效，受到国家机关、高校、工厂、社会体育从业人群及各种社会组织的推崇并且在国内不断发展和完善，特别是被当代企业列为必不可少的培训课题。拓展训练何以有如此巨大的魅力呢？参加过拓展训练的培训员说："在拓展体育中结交的朋友是值得你用一生结交的朋友，因为那时大家是同舟共济的！"在叙述拓展体育中的一些亲身感受时，他们说道："这次经历使我体会到，只要肯拼，就会成功；只要树立信心，就能超越自我！拓展体育带给你的肯定超出你的预期！"一位参加拓展体育的老先生在参加完拓展体育后，泪流满面地说："如果能早些年来做拓展，我的人生可能会少走很多弯路！"每日当我们习惯于现有的生活方式时，也许未曾想过已经裹足自封在自己设置的障碍前。如果没有只属于自己的干净脸盆你就不会洗脸，如果和3人以上同居一室你就不能睡觉，如果没有空调你就不知道该穿几件衣服……对不起，那你真该去拓展一下自己了，改变一下自己的生活方式，你需要在"和平时期"有意识地把自己"置于死地"，通过这项训练找回自己在安逸生活中日渐丧失然却十分重要和宝贵的东西。❶

二、拓展体育简介

当今世界上最通行、最科学、最有效的体验式培训方式便是拓展体育，是素质教育在职业素养教育方面的一个分支，和我们熟知的传统的灌输式教育培训方式绝不等同。

拓展体育源于英文Outward—Bound，原意为一艘小船离开安全的港湾，驶向

---

❶ 赵德勋,黄玉山. 我国体育传统项目学校研究综述［J］. 中国学校体育学, 2007(03).

波涛汹涌的大海，去迎接挑战。拓展（体验式培训）是一种当代人和当代组织全新的学习方法和训练方式。通过精心设计的一系列课程，利用崇山峻岭、悬崖峭壁等自然环境和简单器械的易寻找、掌握的特点，在陌生与竞争的环境中，面对种种意外和挑战，彼此紧密配合，互相学习，交流感情，共同分享经验与成功，使心身得到锻炼，思想得到启发。

三、拓展体育的特点

1．综合活动

拓展训练的所有项目都以体能活动为引导，从而引发认知活动、情感活动、意志活动和交往活动，有明确的操作过程，要求学员全身心地投入。

2．挑战极限

拓展训练的项目都具有一定的难度，特别表现在心理考验上，需要学员向自己的能力极限发出挑战，试图去跨越"极限"。

3．集体中的个性

拓展训练实行分组活动，强调集体合作。力图使每一名学员竭尽全力，为集体争取荣誉，同时从集体中吸取巨大的力量和信心，在集体中显示自我个性。

4．高峰体验

在克服困难，顺利完成课程要求后，学员能够体会到发自内心的胜利感和自豪感，获得人生难得的高峰体验。

5．自我教育

教员的任务只是在课前把课程的内容、目的、要求以及必要的安全注意事项向学员讲清楚，活动中一般不进行讲述，也不参与讨论，充分尊重学员的主动地位和主观能动性。即使在课后的总结中，教员也只是点到为止，主要让学员自己体会，以达到自我教育的目的。通过拓展体育的训练，参训者会在如下方面有显著提高：认识自身潜能，增强自信心，改善自身形象；克服心理惰性，磨炼战胜困难的毅力；启发想象力与创造力，提高解决问题的能力；认识群体的作用，增进对集体的参与意识与责任心；改善人际关系，学会关心他人，更为融洽地与群体合作；学习欣赏，关注和爱护大自然。

6. 宽泛的适应性

拓展体育对社会各界具有广泛的适应性，无论高级官员、经理人员、白领职员，还是普通的蓝领及青少年，都有相应的课程来满足其需要，同时，各类课程都可根据受训对象的具体情况进行开发、设计、组合，使每次培训活动更为切合实际，充分实现训练目的。课程大多以团队活动方式进行，尤其适合集体培训，每期20~60人为宜。

现在拓展体育不仅使团队得到锻炼，达到"激发潜能、超越自我、加强合作、熔炼团队"的目的。同时，在拓展体育中糅合了高挑战及低挑战的元素，人们在个人和团队的层面都可透过危机感、领导、沟通、面对逆境和辅导的活动而得到提升。这种形式既安全又有一定的趣味性，易于被人们所接受。拓展体育是体验式的学习过程但并非简单的体育加娱乐，它是对人们身心发展的全面提高和补充。

第二节　休闲垂钓

一、垂钓概述

垂钓是人们运用钓具，把鱼从水中提出来的一项活动。是一项能够强身健体、锻炼意志、陶冶情操，高雅而富有情趣的活动，也同样是个男女老少皆宜的活动，是体育、娱乐兼而有之的活动。它深受人们喜爱，并且近年来参加活动的人越来越多。

钓鱼在我国有数千年的历史。据史料记载，大舜在做部落首领前，曾在山东雷首山的雷泽垂钓。"愿者上钩的姜子牙"，垂钓于山西磻溪的传说，距今也有三千余年。钓鱼这项体育娱乐活动，在许多国家、地区都很受欢迎。据说在仅有一亿多人口的日本，就有三千多万钓鱼爱好者。1952年由英国、法国、德国、意大利、南斯拉夫等国家发起成立了"国际钓鱼运动联合会"，钓鱼也就成了国际体育比赛项目。

我国东临大海，陆上江河纵横、湖泊星罗棋布，气候适宜，垂钓条件优越。

1983年9月，全国第一家都市钓鱼协会在无锡市成立。此后，江苏、江西、重庆、上海、沈阳也都相继成立了地方性的钓鱼协会。据不完全统计，我国钓鱼爱好者已达到数千万人次。

钓鱼的主要工具有鱼竿、鱼线、鱼漂、铅坠（海竿称铅砣）、鱼钩等。把它们连接在一起，可以垂钓。按着它们的作用，用手和手臂进行比喻：鱼竿和鱼线，是手臂的延长，是钓者有限手臂的补充；鱼钩则是钓者的手，起着把鱼从水中"拿出来"的作用；铅坠可理解为钓者的臂力，起着将"手伸至水中"的作用；鱼漂是钓者的神经，通过动作将鱼咬钩的情况反映给钓者，使钓者即使提竿得鱼，所以，鱼漂又有钓者第二只眼睛之称。鱼竿、鱼线、鱼漂、铅坠和鱼钩的组合，是依照人的手和手臂安排的，使用起来较为灵便。

鱼竿的种类有哪些？按使用的方式、方法分，有手竿、海竿、手海两用竿三种。手竿从制造质料上分，有竹制竿、荻芦竿、化学纤维竿。竹制竿又分独龙杆、多节插式竹竿、袖珍竹制竿、旅行竹制竿和大漆竿等。化学纤维竿分玻璃钢竿、碳素钢竿、袖珍玻璃钢竿、船用玻璃钢竿、电子玻璃钢竿、软性碳素钢竿、中性碳素钢竿、超硬碳素钢竿以及超长玻璃钢竿。手海两用竿，除竹制竿外，多分化学纤维竿。海竿有自动海竿、玻璃钢海竿、船用海竿、超重型海竿、铝合金海竿和手海两用碳素钢竿等。

就其长度分，6米以上的为长竿，2.5米以下的为短杆，介于两者之间的为中长竿，竿上不装放、收线装置——放线器的，即使用的鱼线有固定长度的竿，为手竿；竿上装有放线器的，可借助竿的弹力，把鱼钩甩出较远的鱼竿称海竿（也称抛竿、甩竿、轮竿）。目前，市场上有各式各样的鱼竿可供垂钓者选购。

手竿长度多在3.6～8米，其中4.5～7.2米的使用较多。9～10.5米的手竿，虽也有人使用，但不多。长江中下游的垂钓者们，多使用轻便、柔和、有弹性，用芦苇制成的鱼竿。北方钓友使用的大漆竿，以及云贵高原钓友用楠竹、方竹制成的鱼竿，坚固而柔韧。江浙所产淡竹、苦竹鱼竿轻便而有弹性。

海竿的长度在1.5～5.4米，较手竿粗重。由于竿上装有放线轮、防线盘或放线机，利用鱼竿的弹性和垂钓者手臂的力量可以把鱼钩甩到30米远的水域垂钓。如遇到大鱼，竿上的放、收线装置可自由地放收线，避免因手竿线短且长度固定而断线跑鱼的事发生。

二、垂钓的好处和注意事项

1. 垂钓的好处

垂钓有益于身体健康是众所周知的，特别对老年人更是如此。概括起来有十点好处：

（1）活动筋骨，增强体力。

（2）充分呼吸，新鲜空气。

（3）沐浴阳光，健康有利（注意适当）。

（4）促进消化，增进食欲。

（5）磨炼耐性，锻炼毅力。

（6）忘却烦恼，消除忧郁。

（7）充实生活，增加乐趣。

（8）研究钓技，防止呆痴。

（9）广结钓友，避免孤寂。

（10）多食鱼虾，有益身体。

2. 垂钓的注意事项

当然事情总是要一分为二来看待的，有利就会有弊，关键在于要趋利避害，为此应有五个注意：

（1）注意自我保护，做到安全第一。

（2）掌握劳逸适度，注意不可过力。

（3）患有慢性疾病的钓友，注意加强预防。

（4）注意不可以认为钓鱼能治百病而忽略必需的医疗措施。

（5）注意不可认为钓鱼有百利而无一害，防止由于安排与操作不当，或重视不够，引起诸如肩膀痛、腰腿痛、高血压、感冒、腹泻等疾病。

3. 老年人在垂钓时的六点注意

（1）要选择适宜环境，地势平整，空气新鲜，温度适宜，出入方便。

（2）渔具适用。手竿较轻，竿架易于插立，浮漂醒目，调漂时略多露出水面，以便识别鱼的动态。

（3）板凳或椅高矮适当。带有遮阳伞具，饮用水，并备有适当食物。

（4）控制垂钓时间与次数，不可流连忘返，过于疲劳。

（5）要结伴而行。有慢性病者，可携带应急药物。

（6）遇雨应及时收竿。

总之，以休闲散心与活动身体为主，不可过于迷恋。

4．冬钓三忌

（1）忌寒保暖。人到老年机体逐渐老化，骨质较脆，适时到户外做些运动补充养分，对身心有益无害。但由于冰面寒气太大，易使人的血管收缩，抑制血液的流量，故应注意防寒保暖。

（2）忌单人出钓。应结伴而行。

（3）忌冒险上冰。冰厚而不实导致上冰落水的情况年年都有发生。钓者不可根据自己的经验，强行上冰，应待冰的厚度足够之后在上冰凿洞。

第三节　滑雪

一、滑雪运动的历史和简介

滑雪是陶冶情操、振奋精神，显现人生价值的冬季最佳户外运动。滑雪是充满魅力，其乐无穷的娱乐健身活动。滑雪被称为冬季的"高尔夫"球，也被叫作高山峻岭中的"雄鹰"和林海雪原中的"轻舟"。滑雪时身处迷人的银色世界，滑雪同时又是勇敢者的运动。总之，滑雪是一项既浪漫又刺激的休闲体育运动。

滑雪起源于北欧的挪威，在我国的东北也很早就出现了简单的滑雪，但是当时的滑雪是作为冬天的交通方式，并没有被当作一项运动。早在几千年前，在人们的生产条件还很落后的时候，就已经发明了可以代替行走的滑雪板，这是人类为了在恶劣的自然环境中生存而发明出来的，它的顺利应用使得人们可以在浩瀚的森林中任意驰骋，追寻猎物。国际滑雪联合会成立于1924年的北欧，滑雪被列为正式比赛项目是在法国沙莫尼举行的第一届冬季奥运会上。在世界滑雪运动中居领先地位的国家有斯堪的纳维亚各国，如挪威、瑞典、芬兰，还有西欧的阿尔卑斯山脉周围的国家，如法国、意大利、奥地利、德国以及俄罗斯，一般来说斯堪的纳维亚国家在北欧滑雪项目上占优势，阿尔卑斯山脉国家在高山滑雪占优势。

二、滑雪用具

1．滑雪板

一般的滑雪板有木质、玻璃纤维和金属制作材料之分。木质滑雪板的特点是重量轻而价格便宜，但易受潮变形，故使用前宜涂抹特制油脂，令其不易粘雪及防止雪水浸入。玻璃纤维滑雪板适合任何雪质的雪地，但价格较高。铝合金的金属滑雪板在轻而燥的深雪及冰面上回转轻便，价格也较高。目前有将这三种材质混合制成的滑雪板，最受滑雪爱好者欢迎。

2．滑雪杖

其作用是帮助滑行及维持身体的平衡。选择时以质量轻、不易断折、平衡感好、适合自己身高的原则为主。一般由拦雪轮起算，最长不过肩，最短不低于肋下，可将手穿过皮手环，握杖挥动称手为佳。

3．滑雪靴

滑雪专用靴可与滑雪板连成一个整体。初学者和业余者选择保暖、合脚及防水的滑雪靴即可。最好选择靴筒较低的短靴，以免影响足踝的屈转。

4．各种固定器

许多滑雪板上都有将滑雪靴固定在其上的装置，在滑雪者跌倒时固定器会迅速松脱，因此固定器成为避免滑雪伤害的重要防护器具之一。

5．滑雪蜡

涂抹在木质滑雪板底部的特制油脂，使滑雪板不易粘雪及防止雪水浸入。

6．滑雪装

保暖、防风雪、舒适合身、不妨碍行动及减少风的阻力的服装。

7．有色镜、风镜

雪地上因阳光反射强烈，必须戴上有色镜来保护眼睛。镜架以塑胶制品较为安全；镜片颜色以黄色或茶色为佳。

三、滑雪运动的方法和要求

1. 正确穿戴并熟悉雪具

在滑雪教练或工作人员帮助下选用合适自己的滑雪靴、滑雪板、滑雪杖，在滑雪场的初级练习场先做热身活动。

很多初学者穿上滑雪靴会觉得双脚被箍得很紧，宁愿脚在里面松快一些，就会买并不合适的尺码，那么到底怎样的滑雪靴才是最合适的呢？正确的选择是：合适的靴子应该是让你的胫骨、脚后跟、脚面被紧握而不感压迫，踝关节要能弯曲，脚趾能滑动抓地，总之要让靴子和脚成为一个整体，因为滑雪过程中滑雪者主要通过滑雪板控制速度，没有合脚的靴子就无法有效地做出各种动作。

在雪地上的站立姿势也有讲究，切记不要为了贪图舒服而让你的脚在靴子里晃动，那样可能会扭伤脚。穿雪靴在雪地行走时步伐适中，用后跟先着地。在穿滑雪板之前，先把两支雪板放在平地（初学者不要在斜坡上穿鞋，在双手执杖支持下穿板）。将前脚掌置入滑雪板固定器，上滑雪板时，只需将后部的固定器抬起，将滑雪靴的前端插入前部固定器的凹槽内，用力向下压滑雪靴的后跟，当你听见"啪"的一声，这表示固定器已经将滑雪靴的前、后端紧紧地卡在滑雪板上了。

雪杖的正确握法：先将手穿过雪杖的佩带，然后将佩带握在手中，这样万一摔倒后，雪杖不会从手中扔出去。穿好板后，双手执杖插在身体两侧雪地上帮助平衡，同时两脚踩板前后移动，适应滑雪板。

2. 平地行走，在平地和斜坡上保持平衡、横向蹬坡、外八字蹬坡

平地行走技术中包括前后方向行走、横行、原地行走转圈。

平地前后行走时注意保持双板平行，两只雪板的板头和板尾不能交叉，步幅要小。横向行走的作用是为上坡打基础，要领是步幅要小，保持双板平行。原地转圈360°时，每一步的角度不要大，以向左转圈为例，左板每走一步，右板跟上的一步要保持与左板平行，板头和板尾不能交叉，否则将会失去平衡以至于摔跤。平地保持平衡比较容易，少有滑动可以顺其自然，注意不要紧张挣扎导致自己失去平衡。如果想要在斜坡上保持平衡首先要明白"滚落线"的概念，"滚落线"是指一个圆球从斜坡上滚落的线路，要想在斜坡上保持平衡，必须使你的滑

雪板与滚落线保持垂直，并且要将山下雪板❶的内刃和山上雪板的外刃嵌入山体，并形成夹角，身体的中心要放在山下板上，以抗拒身体重量的自然下滑。

当你可以在斜坡上保持平衡后，就可以尝试横向蹬坡，即由山下雪板的内刃和山上雪板的外刃做支撑，轮流交换重心横着向山上蹬行，双手执雪杖自然地放在身体两侧帮助保持平衡。记住要领：上身要直立，膝盖微弯顶住靴子的前沿以支持身体的重量，双板要平行并与滚落线垂直（要时刻观察滚落线的走向——滚落线要靠你的脑袋去想象，雪道上并不会画出来），身体的姿势（想象自己是一个球嵌在斜坡上）要让双膝和髋部往山上方向倾向、腰部和肩部向山下倾斜，身体呈反弓形。

外八字蹬坡是比横向蹬坡更有效率的一种方法，要领是：身体正对滚落线，双板的板头宽、板尾窄，呈外八字形状，双膝内旋以使双板的内刃立起与雪面形成夹角，双手在身后执雪杖的杖头（像老人挂拐杖的姿势），双板轮流交替向上蹬行，雪杖在身后自然的轮流支撑。

3. 直滑降技术

选择缓坡蹬坡后，用雪杖支撑使自己顺利地调整板型，双板平行与肩同宽，正对雪道下方（正对滚落线），慢慢收起雪杖，身体的重量会使你徐徐下滑，直到平地时自然减速停止。要领：上身直立，头部抬起目视前方，不要紧盯自己的雪板，注意观察周围情况，肩部放松，胳膊前伸，双手握雪杖，手的高度在髋部左右，雪杖头垂在身后，膝盖微屈，感觉胫骨微微压迫滑雪靴的前壳，雪板平放在雪道上，身体随着雪板滑行。

直滑降中常见的错误普遍是恐慌引起的——恐惧下滑的高度及自己越来越快的速度。如果是这样，可以向身体的两侧坐倒或做出犁式制动用于减速。紧张的根源是害怕，所以要记住，要放松，放松自己的胳膊，使自己的身体重心前倾，不要重心滞后，这样就可以控制自己的雪板了。弯腰翘臀和后坐都是错误的姿势。

4. 犁式制动（内八字刹车）技术

犁式制动是一种非常有效的技术，可以用来减速、停止滑行、控制滑行和用

---

❶ 山下雪板是指靠近山下的那支滑雪板，山上雪板为更靠近山顶的那支。

于转弯，甚至有些高级滑雪者在天气恶劣和狭窄的雪道上也采用这种技术。练习犁式制动要从平缓的斜坡开始，随熟练程度增加坡度。

犁式制动是在直滑降的过程中完成的，动作要领：上体放松，手握雪杖头在身前髋部的高度，雪杖垂在身后，身体重心在前脚的内侧，不能后坐，在滑行中使双板的板尾打开呈"V"字形，即八字形，髋部的重量均匀的分布在两支雪板上，双膝和踝关节内旋以使两支雪板的内侧立起，形成楔子嵌入雪面，加大阻力从而使自身下滑的速度减缓并最终停止。

5. 转弯犁式

在能熟练运用犁式制动技术滑行、减速之后可以练习转弯犁式技术。

在运用转弯犁式技术时，两支雪板一直呈"V"字形状，即八字形状，当身体的重心不是均匀地放在两支雪板上时，滑行的方向就改变了，重心偏向右板时（向右滑行受阻），滑行的方向偏向左边；重心偏向左板时（向左滑行受阻），滑行的方向偏向右边。

学习这项技术要注意滚落线的位置，滑行路线要沿着滚落线画"S"形状。

6. 斜向滑行

斜向穿过滑雪道（斜坡）而不是直着冲下山去，这一滑行方式被称为斜向滑行（或叫斜滑降），在坡度很大的情况下，斜向滑行可以有效地控制速度滑行。斜向滑行的正确姿势是：双手握杖在身体前，胳膊放松，雪仗垂向身后，山上一侧的肩膀和髋部要扭向山下方向，这样身体的上部就会冲着山下方向，膝盖微屈使雪板靠山上一侧的半刃嵌入山体（不至于横着下滑），斜向前方滑行时身体重心偏向山下板，双板的板形是平行的。

当觉得雪板向下方向更直且速度加快时，可以多施加压力给山下雪板直到双板与滚落线的角度接近90°，这时雪板就会减缓滑行速度并停止。而当双板与滚落线的角度逐步减小时速度又会加快。

7. 上坡式转弯

在斜向滑行时给山下板施加的重力不断加大，斜向滑行的路线在穿过滚落线后会转弯继续向上滑行并最终停止。

8. 侧向滑行（横向下滑）

侧向滑行（横向下滑）是一种很有效的对付陡坡的技巧。斜向滑行中把山下板的板尾向山下方向推出，重心在山下板上，双板同时横向平放于斜坡上，横着向下滑，需要停下时，双板同时以山上一侧板刃嵌入山体就可停止下滑。

侧向滑行（横向下滑）可以向侧前方向和侧后方向滑行。

9．犁式转弯

在熟练掌握犁式制动、转弯犁式、斜向滑行之后，将三者结合即可练成犁式转弯。基本过程是：双板平行斜向滑行，过了滚落线后马上用转弯犁式来转弯，转过弯来后再恢复斜向滑行，如此循环往复。犁式转弯技术分为初、中、高级，在中级犁式转弯中要运用点杖技术，高级技术中还要加上引身技术。高级犁式转弯技术熟练后就可过渡到平行式转弯了。❶

第四节　蹦极

一、蹦极起源与发展

蹦极一词源于英文"Bung"或者"Bungee"，那么这些英文的意思又是从何而来呢？据悉"Bungee"最早出现于牛津极限运动俱乐部，1979年4月1日，英国牛津大学冒险俱乐部成员从当地245英尺高的克里夫顿桥上利用一根弹性绳索飞身跳下，拉开了当代蹦极运动的帷幕，随后风靡欧美和太平洋地区，他们管这项运动叫作"Bungee"。这项运动在新西兰叫"Bungy"，这也极有可能是"Bungee"一词由于拼写错误，而形成了"Bungy"。但是由于这项运动在新西兰推广的也很成功，所以人们普遍接受了"Bungy"，久而久之就有了这个词。

但是当时的牛津的"Bungee"与后来新西兰的"Bungy"有很大的差别。"Bungee"所用的绳索是用多种材料复合而成，在北美通常用5/8英寸军事规格的绳索，伸缩率高。现在也有使用TR2和Ripcord的，伸缩率也非常高，甚至分别达到240%和280%，它的特点是有更高的自由落体时间，反弹时间更长，感觉更刺激。

---

❶ 方吉全. 我国体育传统项目学校近十五年的发展研究［J］. 成都体育学院学报，2005(4).

而"Bungy"则发源于新西兰，它所使用的材料是不一样的，它使用的是橡皮绳，其中伸缩率是无极限的，而且它配备有可变的制动系统，从而能控制最大伸缩距离。"Bungy"的特点是比较低的速度，反弹比较高，感觉比"Bungee"平稳，"Bungy"特别适合绑踝跳。

那么这项运动是怎么来的呢?

公元500年前后，西太平洋瓦努阿图BUNLAP部落的一位土著妇女为了逃避丈夫的虐待，爬上了高高的可可树，用当地一种具有弹性的蔓藤牢牢绑住脚踝，她威胁其丈夫要从树上跳下来，随后爬上来的愚蠢丈夫也说要跟着跳下去。于是，柔嫩的蔓藤救了女人的命，而暴虐的丈夫则命丧黄泉。该部落为了纪念这位勇敢的妇女，将绑藤从高处跳下发展为一种风俗习惯。他们依山建起一座由树桩和蔓藤捆扎而成20～30米的高塔，年轻的男子从上面俯冲而下，象征他们的成熟，这是他们的成年礼，并向他们信奉的图腾祈愿部落的平安和丰收。久之，便形成了一项运动。这种风靡一时的运动，在欧洲国家盛行开来，最近一两年才传入我国，此运动对人具有挑战性，能让人挑战自我，还极具刺激性。

二、蹦极前的准备

（1）蹦极对身体素质要求较高，癫痫病、精神病、脑血管病、心脏病、高血压、近期骨折等病患者以及孕妇、醉酒者不能蹦极，凡是有心、脑病史的人不能参加。

（2）凡是深度近视者要慎重，因为硬式蹦极跳下时头朝下，人身体以9.8米/平方秒的加速度下坠，很容易脑部充血而造成视网膜脱落。

（3）跳下前应充分活动身体各部位，以防扭伤或拉伤。

（4）着装要尽量简练、合身，不要穿易飞散或兜风的衣物，否则极易走光。

（5）跳出后要注意控制身体，不要让脖子或胳膊被弹索卷到。

第五节　攀岩

攀岩运动的兴起，最早可追溯到18世纪的欧洲登山运动。在此之前，人类是很害怕接近山区的，总认为那是魔鬼居住的地方，一直到18世纪，才开始有一些传教士为了宣教，不得不穿越山区，另外也有一些科学家开始走入山区，做一些自然生态的观察研究，除了这些人外，还有一些企业家、工程师、银行家等社会新阶层，这些人生活富足，开始有意识地追求精神满足，于是开始将登山当成休闲活动。当时"首登"（某座山被人类第一次登顶谓之首登），成为所有登山者追求的目标，当那些在阿尔卑斯山区中，比较平缓而容易到达的山都被"首登"过后，剩下的就是有着悬崖绝壁的险峻大山了。当时的登山者，为了克服这些终年积雪的冰岩地形，发展出一套手脚并用的攀登技术，只是此时无论在技术或是器材上都还相当简陋。一直到第二次世界大战前后，为了符合特种地形作战上的需求，军队开始发展攀登技术后，才逐渐有了今日攀岩运动的雏形。❶

一、攀岩运动的功能

攀岩运动事实上超越了单纯的运动、游戏，已被教育家当成改造个人人格的一项有效工具。所以它在近10年来，受到欧美国家的重视。目前世界各地已经有许多有系统、有组织的团体，将这种运动推广到学校、俱乐部及休闲游乐区。在欧美各国，许多公园都建有人工岩场，让人们去逛公园时，不再只是简单地散散步或欣赏花草、小鸟，他们还可以做一些攀岩运动，来达到更佳的休闲效果。

除了攀岩活动外，人工岩场还可以提供类似高楼逃生、绳索下降等个人防火训练以及山难搜救技术的训练。高空作业人员也可以在此进行工作训练，如天线架设、建筑外墙清洗作业、冷气安装等，在经过训练后，工作的危险性将大幅降低，让劳资双方皆可获得保障，与业主也可减少不必要的纠纷。军方及特种部队

---

❶ 李相如. 中国体育传统项目学校发展现状与管理机制研究［J］. 体育科学，2006(6).

也常利用人工岩场做各种作战技术演练，例如困难地形突破、突击潜入、人质解救或者是巷战、城市战等训练。

此外在休闲市场上，目前世界各地一些稍具规模的公园、度假饭店都以此设备招揽客人，以形成自己的特色，或当作企业、地方的地标。其他还有一些训练中心、健身俱乐部，为训练企业主、管理者或员工的耐力、意志力及应变能力提供场地和设备。

在医疗方面，人工岩场也可以应用在复健工作上，通过特殊的岩块排列组合，使病人从有趣的攀岩活动中，训练固定的肌肉，达到复健之疗效，此种方式远较枯燥的传统复健训练有效和有趣。在儿童体健方面，则运用在肌肉发展及手、眼、身体之协调训练上。

室内攀岩一出现，就受到人们的喜爱。在国外，一些中、小学甚至将室内攀岩列入体育训练的课程之中。据有关专家介绍，开始学习攀岩的适宜年龄在12～13岁，这时儿童的身心发育均已达到攀岩的基本要求。攀岩既可以使他们的身体变得强壮，更可以增长他们独自战胜困难的勇气。

作为攀岩爱好者，无论任何年龄，只要你具有面对困难的勇气，都可以尝试不同难度的室内攀岩运动。男士可以在这里展示自己阳刚的一面，锻炼男子气概，女士则可以通过攀岩锻炼肌肉，完善身体协调能力，以达到减肥瘦身的目的。

攀岩运动是从登山运动中派生来的新项目，也是登山运动中的一项重要的竞技体育项目。它集健身、娱乐、竞技于一体，对运动员的综合素质要求也极高，既要求运动员具有勇敢顽强、坚韧不拔的拼搏进取精神，又需要运动员具有良好的柔韧性、节奏感及攀岩技巧，这样才能娴熟地在不同高度、不同角度的陡峭岩壁上轻松、准确地完成身体的腾挪、转体、跳跃、引体等惊险动作，给人以优美、流畅、刺激、充满力量的感受。

二、攀岩运动的作用

1. 柔软度与协调感

增加身体柔软度与协调感，这是攀岩的关键能力，其重要性更胜于体力；国外已有医疗领域，将攀岩用来矫治孩童肌肉及手、眼、身体之协调训练上。

2．体力

攀岩有利于增强体力。攀岩运动要的是手脚均衡的力与美，并且足以负荷自己的体重、对抗地心引力，这件事情，女孩并不会比男孩差。

3．注意力

集中注意力注意脚下踏着的岩块，留意身体在岩块上的位位移的每个细节，可以培养一个人对事物的专注程度。

4．进取心

当自己靠着攀登绳承受体重、挂在高高的岩壁上的时候，是放弃、还是继续坚持？已经不只是勇气可以形容，还有意志力、荣誉感及自我超越的决心。

5．自信心

面对比自己高至少三四倍的岩场，仍毅然地选择克服困难，心性自然要比常人稳重，自信。

6．平衡感

被称为在岩壁上行走的"蜘蛛人"，靠的就是平衡感。

三、攀岩运动的方法与规则

攀岩的诀窍体现在开始攀岩运动的各个环节，一是热身，这个环节非常重要，如果省略这个步骤，攀岩者会很容易受伤，尤其是手腕、脚踝、膝关节的准备活动尤为重要。二是攀岩者系保险扣时，一定要耐心请教教练，这样才能保证打出一个漂亮的"双八结"或"水手结"。三是多样的变化，带给攀岩这种运动前所未有的挑战，对此，耐力很重要。在攀爬过程中，保持放松是省力的最佳办法。身体应尽量贴近岩壁，这样也可以节省力气。脚要横踩岩点上的小窝，可以有效防止滑脱。四是优秀的平衡能力，加上敏锐的判断力，对于攀岩运动者来说是有很大帮助的。

四、攀岩的基本要领

1．抓

用手抓住岩石的凸起部分。

2．抠

用手抠住岩石的棱角、缝隙和边缘。

3．拉

在抓住前上方牢固支点的前提下，小臂贴于岩壁，抠住岩石缝隙或其他地形，以手臂和小臂使身体向上或向左右移动。

4．推

利用侧面、下面的岩体或物体、以手臂的力量使身体移动。

5．张

将手伸进缝隙里，用手掌或手指屈曲张开，以此抓住岩石的缝隙作为支点，移动身体。

6．蹬

用前脚掌内侧或脚趾的蹬力把身体支撑起来，减轻上肢的负担。

7．跨

利用自身的柔韧性，避开难点，以寻求有力的支撑点。

8．挂

用脚尖或脚跟挂住岩石，维持身体平衡使身体移动。

9．踏

利用脚前部下踏较大的支点，减轻上肢的负担，移动身体。

五、日常锻炼建议

攀岩运动对于手指和手臂的力量要求很大，而引体向上可增加臂力和手指的力量，因此平时练习的时候要多做引体向上等能加强上体力量的运动，这有助于攀岩技术的提升；在练习的时候也要多做对于柔韧性和协调性有帮助的运动，因为攀岩对柔韧和协调性的要求也很高。例如，跳绳可以锻炼身体的柔韧和协调性；乒乓球和棋类对培养判断力大有益处；游泳可锻炼心肺功能、全身力量和耐力。

六、攀岩运动的器材

攀岩的装备器材是攀岩运动的重要组成部分，是攀岩者的安全保证，尤其在自然岩壁的攀登中。因此平时要爱护装备并妥善保管。

攀岩装备分为个人装备和攀登装备。

1．个人装备

个人装备指的是安全带、下降器、安全铁锁、绳套、安全头盔、攀岩鞋、镁粉和粉袋等。

（1）安全带：攀岩用安全带与登山安全带有所不同，属于专用，并不适合登山，但登山用安全带可权作攀岩时使用。因为国内没有安全带生产厂家，而攀岩爱好者又常是登山人，所以我国大部分攀岩者多使用登山安全带，于是两种安全带也就混用了。

（2）下降器："8"字环下降器是最普遍使用的下降器。

（3）安全铁锁和绳套：是攀登过程中，休息或进行其他操作时起自我保护之用。

（4）安全头盔：一块小小的石头落下来，砸在头上就可能造成极大的生命危险，因此头盔是攀岩的必备装备。

（5）攀岩鞋：攀岩鞋是一种摩擦力很大的专用鞋，穿起来可以节省很多体力。

（6）镁粉和粉袋：手出汗时，抹一点粉袋中装着的镁粉，立刻就不会手滑了。

2．攀登装备

攀登装备指绳子、铁锁、绳套、岩石锤、岩石楔（CHOCK），有时还要准备悬挂式帐篷。

（1）绳子：攀岩一般使用9～11mm的主绳，最好是11mm的主绳。

（2）铁锁和绳套：连接保护点的铁锁和绳套是下方保护攀登法必备的器械。

（3）岩石锥：岩石锥是固定于岩壁上的各种锥状、钉状、板状金属材料做成的保护器械，可根据裂缝的不同而使用不同形状的岩石锥。

（4）岩石锤：固定岩石锥时使用的工具。

（5）岩石楔：与岩石锥的使用相同，岩石楔是可以随时放取的固定保护工具。

（6）悬挂式帐篷：当准备在岩壁上过夜时使用的夜间休息帐篷，须通过固定点用绳子固定保护起来悬挂于岩壁。

第六节　骑马

中国马术运动源远流长，其历史已有1300多年，例如中国唐朝就盛行马球运动。而近代中国马术运动则是建立在传统民族体育项目和军事体育训练的基础之上的。1953年第一届全国少数民族传统体育运动会上就有马术表演，1959年第一届全国运动会上，马术被列为正式比赛项目，这是中华人民共和国成立以来第一次大规模的马术盛会，共有13个队300余名骑手和400多匹马参赛。

一、骑马的方法与要求

马是很温顺的同时也很敏感的动物，无论是挽马还是骑乘马，无论是国产马还是纯血马，大体是相同的，只是某类马某方面表现强一点而已。想学骑马首先是要克服心理上的恐惧感，因为从自身来讲，心中害怕，就会表现在行动上，易使马受惊。从马的角度来讲，它不但能感觉到你的行动，同时也能感觉到你的恐惧心理，也会产生心理上的不安，克服这一点首先是要和马建立感情，这样不但可以使马能看到你，同时也避开了它那致命后蹄。一旦接近就用手牵住马的笼头，这可以使马感到你对他的控制力，也防止有咬人恶癖的马伤害到你。因为马会踢人是众所周知的，所以大家都会小心，但是千万不要忽视马也会咬人，而且还很厉害。拉住马笼头后，接下来要做的就是多遛一会儿，这样可以在马的印象中加强你的控制力。接下来你要做的就是抚摸它一下了，你可以给它点儿胡萝卜吃，当然，如果你有钱的话，给它点苹果会更好一些，但要注意不要用手指拿着喂它，因为那样它很可能把你的手指当成胡萝卜吃掉的，要放在手心中让它吃，这样它对你就有了最初的好感。接下来你就要自己辛苦点了，拿一把硬点儿的刷子（但不许用钢丝刷），用左手拉住笼头，右手从马的脖子开始，用力刷马的身子，每个地方两到三次。如果你还有力气的话，你还可以给它清理蹄子，因为这时候它已经开始信任你了。但你千万不能放松警惕，毕竟还没有到"以身相许"的地步，所以你要试着用右手轻轻地拍拍它的左前腿管部，如果它不理你，千万不要强求，否则你也许会有危险。如果它把腿抬起来，说明你可以开工了，你可以拿个铁丝给它清理蹄子，也可以刷一刷，整个工作要先前后后，先左后右，清理后蹄时还是要多加小心的，它毕竟才刚认识你。清理过程中，要注意不要碰马的敏感部位，如眼睛周围、耳朵、阴部、肛门、尾根等部位。做完这些工作，你就可以试着摸摸它的前额，你可以看着它的眼睛，告诉它你喜欢它，不要以为这是多余的，它能感觉得到。我们做人做得太久了，我们既会说话又会写字，但动物不会这些，它们更善于感受身体的接触和眼神的交流，而这些正是我们在当代文明的包围中慢慢退化的，而骑马爱马正可以唤起我们这一部分本性。❶

经过上面一系列的事情，马已经和你建立了初步的信任，你就可以上马了，但要离你自如控制它还差得很远。最好先让师傅骑一圈，俗称"压压马"，毕竟谁都不乐意让别人骑在自己背上，马也一样，你如果贸然上马的话，它可能会很不高兴，那么你就有可能受伤了。别人压一圈之后，马知道要开始工作了，所以就容易进入状态。如果有人给你牵着笼头，你可以放心一点，但也不要从侧后上马，因为马不仅会向后踢，后腿还会向前踢，当它发现你是个新人的时候，它很可能踢你以阻止你骑它。你可以在它的左侧上马，面微向后，左脚蹬上马。如果是你自己一个人的话，你一定要小心，因为除了踢它还会靠你。但不能害怕，上马要果断，否则时间越长你越不易上去。上马后要保持身体的平衡，牧民式、牛仔式骑法是单手操缰，另一只手可以干点其他的事，你正好可以用来抓住鞍子。但实际上这两种骑法都不容易掌握，控制不好抓鞍的手还会磨出血泡。你也可以采用马术中的双手操缰，这样对马的控制更明显一点，不过这些都无所谓，看你个人的习惯了，没有一定之规。骑马本身就是一种放松，如果再人为地制造许多的规矩，就失去了它的意义。但不管何种操缰方式，都一定要保持适当的张力，这是为了让马知道你有能力控制它，太松了就会失去这种控制力，而太紧了会让马不舒服，做出反抗，所以操缰的手一定要稳，不要时紧时松。掌握这些之后你

---

❶ 李金龙，等. 山西省体育传统项目校现状与发展对策研究 [J]. 中国体育科技，2005(01).

就可以让马儿走起来了，但你这时还不叫"会骑马"，还需要在骑乘中学习很多要领。

到了这个阶段，大家一定要谨慎了，因为经过上面的训练，很多人都以为自己已经会骑马了，其实不然。初学骑马的朋友最大的感觉是腰腿疼，或者说是全身疼，为什么会这样呢？因为你不是在"骑马"（虽然你是骑在马的背上），你是在和马"找别扭"，在和它作对。别生气，这实在不是冤枉你，而是因为你现在的力气全是和马反着使得。坐在马上，不要立刻就跑，这样对马对你都不好，要由慢到快，先让马走起来，此时你的身体要坐端正，除了双手对缰绳保持一定的控制力之外，全身要放松，毕竟你肯定不如马的力气大。马在走的时候是四拍步伐，如果在硬路上你可以听到四次蹄声，这种步伐没有什么危险，你可以静心体会它的节奏，尽快与它合拍，上身保持端正，腰部放松，随着马的身体一起摆动，这样不但不累，还会很舒服。此时你的手除了缰绳千万不要再抓别的什么东西，如果你适应了这种四拍步伐，你就可以让马再快一点了，马会由慢步变为快步，你可以反复试，第一是因为马由慢步变为快步时节奏是有变化的，快步是两拍步，你的身体也应该随之变化；第二是因为马匹突然变步（节奏），你刚刚适应的节奏就会被打乱，所以对初学者来说，马在变步时是最容易被摔下马的。反复练习不但可以消除心理障碍，还可以使你尽快地适应这种节奏变化，因为此时的危险性是较小的，所以可以放心练习，为以后打下良好的基础。

二、骑马的注意事项

马是一种温和的动物，而且胆子非常的小，但是又很好奇。除非是它受到惊吓，或是感觉到安全受到威胁，要不然不会有主动攻击的行为。然而，动物毕竟就是动物，并且它体型相对于人来说十分庞大，如果不遵守这些注意事项，就会有可能发生危险。

1．上马前的注意事项

（1）请勿让小朋友在备马区域或骑乘区附近奔跑嬉闹喧哗，以免吓到马儿。请收起雨伞或遮阳伞，放置一旁，绝对不可以在马儿附近开自动伞。

（2）在任何情形下，请勿紧跟在马匹后面，以免马儿紧张，遭马儿踢伤。马匹走过您的面前时，绝对不可以伸手摸它，这会吓到它。

（3）请勿任意喂食马匹。喂食马匹水果等时，请勿用手指抓取喂食，以免遭马儿咬伤。正确的方法是，将水果切成小块，置于掌心，手掌要完全张开。

（4）进入马厩牵马或清理马厩时，请勿走到角落，以免马儿紧张时，发生人员进退不得的状况。

（5）请勿穿着拖鞋、凉鞋或赤脚牵马，以免被马踢伤，尤其是转弯时要特别注意。

（6）马匹大量运动后，请不要立刻给它水喝，以免呛伤或流鼻血。大量运动后，也请不要立即冲水洗澡，要等马儿体温降下以后，才能冲洗。若能先让马儿放牧打滚是最好，但夏天中暑之马匹除外。

（7）野外骑乘时，请勿随意让马儿吃草。放牧时也要确定场地安全，以免农药中毒。

（8）上马前一定让领队或马主检查一下肚带是否系紧，系紧后才能上马，肚带不系紧容易转鞍，这是最危险地。骑行中每隔一段时间也要检查一下肚带的松紧程度。

（9）选择鞍上带铁环的马，铁环能帮助你保持平衡。

2．上马后的注意事项

（1）正确的骑马姿势是：脚前半部踩蹬，上身直立坐稳马鞍，这是小走的姿势；快走和快跑时，小腿膝盖和大腿内侧用力夹马，身体前倾，臀部和马鞍似触非触，跟随马的跑动节奏起伏。

（2）上马时脚尖内蹬，下马时先左脚脚尖内蹬，然后松开右脚，然后下马。上下马脚尖内蹬很重要，一旦马受惊或拒乘而跑开，人至多摔一跤，如果全脚套在蹬内，就会拖蹬，这是非常危险的。

（3）不要在林区边缘赛马和快跑，一旦马受惊或驾驭失控，就会窜入树林，情形很危险。

（4）不要在马上脱换衣服，尤其是鲜艳衣服，马容易眼生，换衣服时马受惊跑动，人一下就摔下来了。

（5）生手骑马容易磨伤小腿肚、大腿内侧和臀部，可以穿马靴和马裤，没有马靴马裤可以用护膝绑腿等代替。

第七节　保龄球运动

　　保龄球又叫"地滚球"，最初叫"九柱戏"，起源于德国，是一种在木板球道上用球滚击木瓶的室内体育运动，流行于欧洲、美洲、大洋洲和亚洲一些国家。保龄球的历史最早可以上溯到距今7200年前。1920年，英国考古学家在埃及的墓道发现了9个石瓶及1个石球，这个游戏的玩法是用球投向石瓶，将石瓶击倒，这与当代保龄球的用具与玩法十分相似。因此，保龄球运动被誉为"人类历史上最古老的运动"之一。

一、球的选用

　　保龄球的重量基本上从6磅到16磅，即11个级。

　　6～7磅——小学生适用。

　　8～9磅——中学生适用。

　　10～12磅——女青年适用。

　　13～14磅——男青年适用。

　　15～16磅——中、高级球员适用。

二、握持球

　　握持球的方法有传统抓球法、半指节抓球法和满指节抓球法。

　　1．传统抓球法

　　中指及无名指的一、二指节插入指孔的抓球法，因抓球容易所以比较适合初学者或体质较弱的女性。

　　2．半指节抓球法

　　中指及无名指第一指节和第二指节之间插在指孔里的抓球法，一般职业球员采用这种抓球法。

3．满指节抓球法

中指及无名指插入指孔，只插入第一指节而已，这种抓球法摆动费力但可供强劲的回转力，缺点是不好控制，并且容易增加手指指端的负担，所以一般由熟练的球员使用这种抓球法。

4．手指间隔

从拇指到其他两手指指孔的距离为手指间隔。这由手掌的大小决定，所以有一点点的误差亦会影响到球的动作。手指间隔越大，越会影响指力的控制。指力会影响到是否可投曲球或勾球。

三、投法和投球

为使保龄球有一个平稳的加速度，投球前必须进行助跑。只有在助跑中摆臂运球，球才能够得到加速度。四步助跑又叫标准型助跑，它包括第一步推球，第二步垂直下摆，第三步垂直后摆，第四步向前垂直回摆和滑步投球。手臂摆动时，肩部应放松，像钟摆一样摆动。同时，投出的球还分为直线球和曲线球。

1．直线球

直线球即球路为直线而无侧旋的球。这种球路易于掌握，只要摆动正确就可投出好球，而且不费力气，容易控制强劲的球，最适合初学者。

直线球只以第二箭头为瞄准点投球，顶部为正旋且沿着直线方向滚动，入射角度撞击瓶的效果并不好，而且只要瞄错一点点，就会有剩余瓶。

投直线球要掌握正确的投球动作。放球时，首先把拇指脱出指孔，按着动势依次以中指、无名指直线向前扬起，投出球之后，手掌心朝上，顺势做扬手动作。初学者易犯的错误是手腕弯曲，影响球路。

2．钩球（曲线球）

钩球是指开始时球是直线滑行，到瓶区附近时向左变线进入球袋的球路（对右手球员来说）。钩球是在向前滚动的方向加上横向的作用力，因而破坏力更大。

钩球中的横向用力产生的侧旋，易造成球瓶斜倒或横倒的撞击效果。钩球的撞击效果比起直线球更大，所以打全中的概率相当大，当入射角达到6度时，就可百分之百全中。

钩球法在持球时，拇指与中指所连接的直线，与犯规线成平行的状态。投球时，先抽出拇指，其抽出其他两指，这时中指与无名指的指尖不要特用力，只要有微微扬起的感觉后抽出球，就自然会有钩球的球路。这是最基本的钩球打法，称为自然钩球法。

为了投出更具杀伤力的钩球，持球手法可采用投直球的方式，动作类似直球，只是在球经过踝关节的瞬间，将持球右下部的中指和无名指轻轻扬起，并把手指上拉。拇指顺势抽离指孔时，其他两指也由右侧转向左侧，并同时进入扬手动作的全过程，扬手时，手臂仍直伸上扬，直到脸部的左前方为止。

3．其他投球方法

保龄球的投球方法有很多，适合不同阶段的爱好者选择，见下表。

表　其他投球方法

初学者适用	有经验者适用	进阶者适用
直球		
小曲球	飞碟球	大曲球
环抱式大曲球		

第八节　射击

一、射击运动简介

射击是使用枪支对各种预先设置的目标进行射准比赛的一种体育运动。射击竞赛项目繁多，包括使用各种规格的步枪、手枪和猎枪对固定的、移动的、隐现的以及飞行的各种目标进行精确射击和快速射击。

国际比赛有男女个人项目，也有团体项目。使用枪支射击的人叫射手（射击运动员）或叫神枪手。射击运动员的技术叫射击术。

射击项目有许多类别，基本类别是步枪（射击）、手枪（射击）、跑靶（射击）、抛靶（射击）和双向飞碟（射击）。步枪的射击姿势有立势、跪式和卧式。步枪和手枪的标准靶由10个靶环构成，排列是从1环到10环。最外面的靶环为1分，靶心为10分。

近代射击运动从军用射击和狩猎射击演变而来。在15世纪瑞典就举办过一种火绳枪的射击比赛。自从19世纪发明了从后膛装填子弹的步枪之后，射击精确度大大提高，枪支的操作和携带更为方便，为射击运动的开展创造了条件。在1896年的第一届奥林匹克运动会中射击作为世界性的体育竞赛项目第一次出现在大众视野中。自1897年起每年举行一届世界射击锦标赛。1907年各国射击协会国际联合会成立（1921年改为国际射击联盟）。1931年后，世界射击锦标赛改为每两年一届，1954年又改为每四年一届。射击比赛也有相应的演变过程，早期世界性比赛多用军用枪支，射击方法与军用射击相近。自从生产了专供射击运动用的各种运动枪支后，新的比赛项目大量出现。1897年首届世界射击锦标赛只使用1种枪支进行5个项目的比赛，到1978年第四十二届世界射击锦标赛，使用的枪支种类增至12种，项目52个，参赛人数达1200人。20世纪初至20世纪40年代，美国、瑞典、瑞士、挪威、英国、法国等是世界性射击比赛的主要获胜者所在国。50年代以后，苏联及东欧各国的射击水平有了很大提高，在世界性比赛中夺得不少冠军，并创造一批世界纪录。亚洲射击水平较高的国家是中国、朝鲜和日本。❶

射击运动要求运动员具有良好的平衡力、注意力集中、协调性强、视力精确、心理稳定和时间感觉准确等各项素质。

二、射击知识简介

1. 分类

竞赛项目按使用枪支和射击方法的不同，分为4种类型：步枪项目、手枪项目、移动靶项目和飞碟项目。

每种类型按枪支规格、射击姿势、射击距离、射击方法和目标种类的不同，又分出更多的项目。目前国际射击联盟公开承认的世界纪录的男子项目共42项，

---

❶ 丛振江. 传统校谋求持续发展的策略［J］. 体育科技，2001（03）.

女子14项。按规定只有在世锦赛、奥运会及各洲的比赛中创造的纪录才能得到承认。射击竞赛分个人赛和团体赛，每个项目团体赛的人数，男子4人，女子3人。团体赛的名次以个人成绩相加的总和来评定。国际射击联盟规定世界射击锦标赛的项目有男女个人和团体项目共52项。洲际射击锦标赛的项目与世界锦标赛大体相同。二十三届以前的历届奥运会只有男子项目，但女子可以报名和男子同场比赛。1980年第二十二届奥运会的射击项目共7项，只有个人比赛，未设团体项目。

1984年第二十三届奥运会又增加了男子气步枪比赛，并首次将3个女子项目列入奥运会。此后，除飞碟项目外，女子不能参加男子项目比赛。

2．世界性射击管理机构

国际射盟（UIT）是射击运动世界管理机构。

3．重要的国际射击比赛

世界射击锦标赛是非常重要的国际射击比赛。

4．卧姿（要领）

射手采用卧姿射击时，平卧腹部着地，用双肘支撑上体，枪托抵住肩部或腋窝，射手只能用双手托枪。

5．手枪射击项目

自选手枪射击，手枪速射，标准手枪射击，气手枪射击和运动手枪射击。手枪速射项目打60发子弹，满分是6000分。

第九节　铁人三项运动

一、铁人三项运动的起源

1973年的一天，一群体育官员聚集在夏威夷群岛的一个酒吧里争论：世界上究竟哪一种体育运动项目最刺激，最具有挑战性，最能考验人的意志和体能？有的说是橄榄球，有的说是渡海游泳，有的说是足球，还有的说是长距离自行车、登山、马拉松等。他们各抒己见，争论不休，迟迟没有得出结果。最后，美国海军准将约翰·克林斯提出：谁能在一天之内在波涛汹涌的大海游泳3.8公里，再环岛骑自行车180公里，最后跑完42.195公里的马拉松全过程，谁就是真正的铁人。于是第二天就有15个人参加了这项新倡议的比赛，其中还有一名女性。最后有14个人比完了全过程。于是一项挑战自然、挑战自我的新型体育运动项目就在这种充满戏剧性、冒险性的情况下诞生了。人们把这项一次连续组合完成游泳、自行车和长跑，并在运动员体能、速度和技巧上提供挑战的综合性体育运动项目称为"铁人三项"。

铁人三项和跆拳道在悉尼奥运会成为奥运历史上最新的比赛项目，跆拳道的历史可以追溯到几千年以前，而铁人三项在当时则只有二十多年的历史，可谓最年轻的运动。1978年夏威夷铁人三项赛被认为是第一项正式比赛，但早在1973年开始，美国加州就有了一些小型的比赛。这项考验耐力的运动项目要求运动员在三个分项——游泳、自行车和赛跑中都十分出色。因为整个项目的比赛和训练计划都异常艰苦，所以这个项目也要求运动员拥有严谨的自我约束力。❶

二、项目介绍

铁人三项比赛分为四个级别，规定短程、奥林匹克标准距离、长距离和超长距离。

所有选手一起出发，并且三段比赛之间不会有任何停顿。所以各项比赛之间的转换对于运动员的成绩也是非常关键的。女子选手基本需要两小时完成比赛，而男子比赛大约需要1小时50分钟。

1．游泳规则的主要内容

（1）参赛者须按竞委会规定的游程路线，并绕浮标外沿游完全程，但采用的姿势不做要求。

（2）竞委会有规定使用游泳衣、帽、护目镜等器具。

（3）运动员须服从大会安排，在肢体的规定位置写号码，直至三项赛事整个赛程结束方能清除，禁止涂写号码以外的任何文字或标志。

（4）按发令信号起游；游程中允许借助水道线、救护船、监护船、浮标等原

---

❶ 丛振江. 传统校当前存在的问题与对策［J］. 少年体育训练，2002(01).

地休息，但不准借力游进；赶超对手须从侧方绕越，不得影响其正常游进。

（5）游程中运动员体力不支，可举一手在头上挥摆以示紧急救援，凡被救起上船者按自动弃权论处。

2．自行车赛的主要规则

（1）赛车用公路赛车，可装变速器及圆盘式车轮，禁止装车链盒，可有备用轮胎、打气筒、饮料架及饮料。

（2）赛程中须自始至终戴安全帽，帽的规格和戴的间距须符合规定。

（3）服装可穿三项赛专用服或单项服装。

（4）车牌号须与运动员号码相符并按规定系挂和装贴。

（5）起点设在与游泳终点的交接地段，区内有按号码排列的存车架，出口处画有白色起点线。

（6）赛途中不可更换车辆；短距离赛程中车辆出故障，只能修理不得更换部件。

（7）在运动员进行的左右各1米，前轮向后7米，或执行任务的摩托车后10米，汽车后25米均属安全区域范围，后方运动员进入该区域并通行，即算尾随犯规。

（8）在规定范围内有意利用前方运动员为挡风屏障，做屏障犯规论处。

（9）两运动员保持平行前进互为伴骑，按尾随处罚。

（10）超车须在15秒以内按有关的骑车路线和距离完成，违者按尾随处罚。

（11）赛程运动员均应沿路线右侧直线骑行；超越中距前者7米以外开始向左侧骑行，横向相距2米以上，领先10米后进入原路线骑行；前者被后者超越后，仍应保持原路线，不得改向左骑行；超越时，前者不得曲线骑行有意阻挡对手，违者按尾随处罚。

（12）借助机动力量或乘坐机动车者，取消资格。

（13）终点线为两边白色、中间黑色标志，须以人、车同时到达为准；换项区域按号码顺序排列车架，赛车者须对号上架。

3．长跑比赛的主要规则

（1）比赛按组委会指定的路线进行，如遇特殊情况要离开路线进行，须向裁判员声明并在裁判监督下重新进入比赛。

（2）运动员按规定在胸、背处各佩戴一块号码布，赛事结束前不得自行取下。

（3）赛时不许借助车辆或其他动力前进。

（4）不准冲撞或阻挡其他运动员跑进。

（5）不能继续比赛者，可向裁判员提出自动弃权要求，在裁判员取下号码布后以弃权者身份上收容车。

三、比赛场地

铁人三项的比赛场地包括水陆赛区及其换项处。赛事选择依山傍水的自然环境进行。

1．游泳

以水域宽阔的江河湖海为赛区；赛区水面能安排三角形比赛路线；起、终点设在同一地点，应有山下的台阶、扶梯或沙滩；水深至少1.8米，水情稳定安全，水质须符合卫生标准，水温一般应在20摄氏度以上，略偏低亦可；游程路线按规定的间隔距离、方向排列要求等置浮标和转弯浮标。

2．自行车

选择有上下坡、转弯等地形变化的路面为赛区。

3．长跑

赛道路面平整宽度不少于3米，并要对其他车辆进行封闭。赛段全程必须有明确的路线指示标志。

第十节　交谊舞

一、交谊舞和国标舞的起源

交谊舞是起源于西方的一种舞蹈形式，又称舞厅舞、舞会舞、社交舞。

从源头上来说交际舞是从国标舞演变而来的。国标舞，全称是国际标准交谊舞。它来源于各国的民间舞蹈，是在古老的民间舞的基础上发展演变而成。在12世纪，欧洲一些国家将一些民间舞蹈加以提炼和规范，形成了流行在宫廷中的"宫廷舞"，"宫廷舞"的动作高雅繁杂，却拘谨做作，失去了民间舞的风格，所以并不适用于平常人的生活，只在宫廷盛行，专供贵族习跳和欣赏，成了贵族的特权。法国大革命后，宫廷解体，"宫廷舞"也进入了平民社会，成为社会中人人可舞的社交舞。1768年，在巴黎出现了第一家舞厅，从此，交谊舞在欧洲社会中流行开来。❶

由于国际舞对舞姿、舞步要求非常严格，所以，出现了要求相对低一些的交谊舞，它保持了国标舞各种舞种的风格，但比较随意。尽管如此，交谊舞依然有自己的要求，这样，才能体现各个舞种的风格，才能洒脱自如。

19世纪，随着工业革命和浪漫主义运动的兴起，人们的生活习惯和穿着风格逐渐产生了变化，女士衣着样式从长裙逐步转向方便行走的裙式，这也让英国的布鲁斯（慢四步）、快步舞（快四步），美国的狐步舞（中四步）、波士顿华尔兹（慢三步）等舞种十分流行。在第一次世界大战爆发前，拉丁美洲的舞蹈传入了欧洲。先是阿根廷的探戈舞在欧洲流行开来，然后是古巴的伦巴舞、巴西的桑巴舞相继流行，人们热衷于这些舞特有的节奏和舞步，并一直流传至今。

20世纪初，爵士乐的出现使交谊舞进入一个新的时期。在1904年，英国成立了皇家舞蹈教师联合会，并由专门的舞蹈家对华尔兹、探戈、狐步、伦巴、快步等国际流行的舞种、舞姿、舞步等进行加工整理，使它具有了一定的规范和标准，并把它公布为"国际标准交谊舞舞厅舞"的跳法，这就是所谓的"国际标准交谊舞"，简称"国标"。那种在舞厅里无拘无束、不拘一格、随心所欲地跳，则被认为跳的是自由舞。"国标舞"与一般的交谊舞的区别在于："国标舞"是规范化、系统化的，它脱离了纯粹的自娱性，增强了艺术性，此外"国标舞"还具有表演性、竞技性的特点。

二、交谊舞的舞姿

男女舞伴都要挺胸，收腹，扩肩，收颌，两眼平视前方。扩肩，是指两肩要张开，生活中有很多人坐立时，两肩都要往里收，胸也未挺起，造成了驼背的样子。所以跳这种舞有助于参与者保持良好的站姿和坐姿。

---

❶ 赵祝胜. 体育传统项目学校的确立对体育与教育事业的发展起到了积极作用[J]. 中国学校体育, 2004(02).

交谊舞中男士平展双臂，左前臂抬起，使前臂与上臂成约120度夹角；大拇指与眉齐平，左手四指并拢，虎口张开，女伴亦是右手四指并拢，搭在男士虎口之上。然后，男士左手与女士左手轻轻相握，男士的右手放在女舞伴左肩胛骨的下方；女舞伴的左手虎口张开，对准男伴的右上臂的三角肌，轻轻搭在男士的肩下；男女舞伴两脚并拢，女舞伴站位略在男士偏右，两人的头部都左偏45度角，两眼平视前方。

第十一节　轮滑运动

一、轮滑运动的发展概况

1. 世界轮滑运动的发展概况

20世纪初，轮滑运动在美国和欧洲得到广泛开展，一些国家纷纷成立了速度轮滑俱乐部。1910年，欧洲开始出现了轮滑球赛，英国于1908年修建了世界上最大的轮滑场。由于欧洲和北美等国轮滑运动蓬勃的发展，成立一个世界组织统一管理此项运动，促进其健康发展已经是一件非常重要的事情。因此，1924年在瑞士的蒙特勒举行了国际轮滑联盟第一次代表大会，瑞士、英国、法国、德国的11名代表参加了本次会议，会议选出了瑞士人凯维兹为首任主席，奥托美耶尔为秘书长，并决定每年举行一次代表大会。1926年4月举行了有六个国家参加的第一届欧洲轮滑球锦标赛，参赛的国家有英国、法国、德国、意大利、瑞士等。1936年在德国的斯图加特举行了首届世界轮滑球锦标赛，英国队获得了第一名，意大利队第二名，葡萄牙队获第三名。1937年在美国制定了第一个速度轮滑比赛规则。1937年，在意大利蒙扎正式举办了首届世界速度轮滑锦标赛。同年，在德国慕尼黑举办了第一届欧洲花样轮滑锦标赛。1938年在英国伦敦举行了首届速度轮滑世界锦标赛，共有6个项目，英国队获得其中4个项目的冠军，意大利获得1000米冠军，比利时获1500米冠军。1939年制定了花样轮滑规则，从此，轮滑运动在世界各国得到迅猛地发展，并真正走上了轮滑竞赛的道路。1940年4月28日在罗马举行的第四十三届国际奥林匹克委员会会议上正式承认了轮滑项目的国际联合会。这一决定，使轮滑运动很快地从欧洲传到北美洲、南美洲、非洲、大洋洲等各地，各洲也相继开展了轮滑锦标赛，并由第二次世界大战前的三年一届改为每年一届。1947年，在美国的华盛顿举行了首届世界花样轮滑锦标赛。

随着世界科学文明的发展，体育运动也有了很大的发展，近些年来出现了很多受人们欢迎的新的运动项目。这些新兴的运动项目，不仅给人们带来了健康的体魄，而且给人们带来了无限的欢乐。速度轮滑（过去称为速度溜冰）就是其中一项。这项运动每年都有一次世界锦标赛，目前也被列入了亚运会的比赛项目。世界花样轮滑锦标赛从1947年开始每两年举行1次，有时是1年或3年不定期举行。1952年，举行第一届世界轮滑锦标赛，当时只进行了男子项目的比赛，同年国际滚轴溜冰联合会正式改名为现今的国际轮滑联合会（FIRS）。亚洲的日本也于同年加入了该组织，成为国际轮滑联合会在亚洲最早的会员国，这时轮滑运动遍及五大洲。目前，全世界已有60多个国家和地区加入该协会。从1952年至1957年德国人包揽了历届世界锦标赛的各项冠军，称霸一时。从1968年开始，美国人在双人和舞蹈项目打破德国人的垄断，获得冠军。近几年意大利的单人滑和双人滑水平十分强，连续获得男子单人滑的冠军。目前，美国、德国、意大利是世界花样轮滑的强国，西班牙、阿根廷、澳大利亚的成绩也不错。1966年开始每年举办一次世界花样轮滑锦标赛。国际轮滑联合会下设花样轮滑、轮滑球和速度轮滑三个委员会。总部现在设在美国，花样轮滑委员会设在美国的旧金山；速度轮滑委员会设在意大利的罗马；轮滑球委员会设在葡萄牙的里斯本。1992年国际奥林匹克委员会（下文简称国际奥委会）决定把轮滑球运动队列入奥运会的正式比赛项目。1997年在捷克斯洛伐克首都布拉格举行的国际奥委会的会议上，国际轮滑联合会（FIRS）正式被接纳为了国际奥委会的正式会员。

2. 亚洲轮滑运动的发展概况

1978年由日本、印度和韩国3个国家联合成立了亚洲轮滑联盟。后来中国、菲律宾、泰国、巴基斯坦、印度尼西亚等国相继入会，亚洲轮滑联盟迅速扩大。1985年10月18日至20日第一届亚洲轮滑锦标赛在日本冈谷举行，7个国家参加了这次比赛。比赛项目有速度轮滑、花样轮滑，轮滑球由日本和印度两队表演。日本的金内美子获女子规定图形冠军，中国台湾的王淑容获女子自由滑冠军和全能冠军。印度的帕列赫获男子规定图形、自由滑、全能三项冠军。1987年第二届亚洲轮滑锦标赛在韩国举行，比赛项目增加了轮滑球，有9个国家及地区参加。1989年第三届亚洲轮滑锦标赛在中国杭州举行，这次比赛有9个国家和地区参加，并邀请澳大利亚、新西兰等国家参加表演。1991年第四届亚洲轮滑锦标赛在中国的香港和澳门举行。1993年第五届亚洲轮滑锦标赛在印度举行，由于客观原因，本届比赛没有办成。1995年第六届亚洲轮滑锦标赛在日本举行。1997年第七届亚洲轮滑锦标赛在韩国举行。1999年第八届亚洲轮滑锦标赛在中国上海举行。2001年第九届亚洲轮滑锦标赛在中国台湾举行。2003年第十届亚洲轮滑锦标赛将在日本举行。在历届比赛中，日本、中国的成绩比较好，中国队多次获得花样轮滑团体的金牌。轮滑运动在亚洲的开展，各国各地区均属业余活动，经费少、比赛少、普及面也小，所以亚洲的各项轮滑运动与世界水平相比还有一定的差距。

3. 我国轮滑运动的发展概况

我国轮滑运动开展较晚，轮滑运动19世纪传入中国，当时仅限于沿海个别城市，只作为娱乐活动。直到20世纪80年代初期我国才有正式比赛出现。1982年5月，我国首次在上海举办了"金雀杯速度溜冰邀请赛"。同年10月在北京举办了"环球杯旱冰邀请赛"。在此基础上于1983年10月在首都工人体育场举行了第一届全国轮滑锦标赛，比赛项目有速度轮滑和花样轮滑两项。我国从1985年起参加国际比赛。1985年8月长春第一汽车制造厂速度轮滑代表队代表国家参加了在美国举行的男子第十六届，女子第十三届"世界速度轮滑锦标赛"。同年10月哈尔滨体育学院轮滑队代表国家参加了在日本举行的"第一届亚洲轮滑锦标赛"。速滑项目，张晶敏获得了女子300米第四名，颜彤丹、崔勇分别获得男子5000米、10000米第六名。1987年10月，在韩国举行的"第一届亚洲锦标赛"上，我国花样项目运动员朱烨获得女子自由滑银牌、全能银牌，朱玮获得男子自由滑铜牌、全能铜牌，速度项目吉林运动员孙敏、上海运动员季芳芳，分别获得女子3000米的银牌和铜牌。我国轮滑运动员虽然起步较晚，但正在接近亚洲水平。1989年10月"第三届亚洲轮滑锦标赛"在中国杭州举行。速滑项目吉林运动员孙敏获得女子1500米银牌，上海运动员杨薇获得女子3000米铜牌，前卫运动员陈炜权获得男子300米铜牌，上海运动员叶侃骧获得男子1500米铜牌。在"第三届亚洲轮滑锦标赛"上我国选手在速度轮滑项目上获取了较好的成绩。

二、轮滑运动的锻炼价值

轮滑运动在我国已有一定的历史积累。它运动场地广阔，使用器材简单，不论室内、室外、马路、广场，到处都可以利用。特别在我国南方，因为没有天然冰场，大都以轮滑运动代替冰上运动。随着人们生活水平的提高和物质生活的满足，人们更加渴望进行体育锻炼。轮滑运动场地广阔，器材简单，特别适合人们进行锻炼。特别是青少年对这项运动更加喜爱。轮滑运动不但能强身健体，而且能提高人们的灵活性、稳定性和平衡能力。

1. 对运动系统的影响

参加轮滑运动能提高人体的平衡能力，在轮滑时，要把整个身体的重量放在几个滚动的轮子上，除了保持一定的身体姿势滑行之外，还要做各种各样的动作，如做前后滑行、左右转弯、跳跃、旋转、平衡等动作，尽管支撑面小、滑行速度快，运动者有稳定、精确的动作却可很灵活，可见轮滑运动对提高人体的平衡能力有突出的作用。

2. 对心脏、心血管系统的影响

轮滑运动对提升心脏、心血管的功能有很大帮助，据测定，经常从事轮滑运动的人的心脏比一般人的心脏横径大3.4厘米，长径大1厘米。这种功能性肥大是心脏肌肉发达的表现，心脏搏动有力。经常参加轮滑运动的人在安静情况下，心脏跳动每分钟45～55次就够用了，而一般人在安静时，心脏跳动要在75次左右才能满足人体工作的需要。

3. 对呼吸系统的影响

参加轮滑运动，能够呼吸新鲜空气，促进新陈代谢，改善血氧供应，在运动中不断提高呼吸系统的功能。在旺盛的代谢作用下，相应地改善消化系统内其他组织机能。整个机体工作能力提高以后，就可以大大地增强对呼吸道疾病的抵抗能力。

4. 对神经系统的影响

经常参加轮滑运动，可以提高神经系统的调节作用，特别是体温的调节能力。轮滑不但有速度变化，旋转的方向、位置等也不断变化，这些都会使前庭分析器受到刺激，产生兴奋。同时，经过肌肉、肌腱、关节面和韧带中的运动神经末梢，在肌肉收缩、拉长，以及关节屈伸时，却要受到刺激，它和前庭分析器一样，在感觉器中产生兴奋分别沿着各部位的位置迅速传递肌肉活动状态的感觉。

三、轮滑技术介绍

轮滑与滑冰相似，所不同的是轮滑用轴承轱辘代替冰刀。穿上四个轮子的轮滑鞋可以在地面上做各种轮滑动作，在这里介绍有关轮滑的一些基础知识。

1．站立、踏步

轮滑鞋的轮子前后滚动，不容易站稳，因此在穿好轮滑鞋后，左脚跟可紧靠在右脚的内侧，使两脚成"丁"字形慢慢站起，同时上体稍前倾，两膝微屈，目视前方，两臂自然下垂，然后开始踏步。

身体重心放在左脚上，提起右脚向前，右脚四轮着地时，重心随着右脚前移落地。这样两脚轮换向前移动、落地，身体就能慢慢前进了。

踏步时步幅要小，抬腿要低，身体始终保持向前，两膝微屈，目视前方，两臂自然向左右摆动，控制身体重心。

2．前滑

掌握踏步动作后，可开始练习向前滑行。在踏步前进中将左右两脚轮换向外侧后方蹬地，身体就能向前滑行了。用右脚轮滑鞋内侧轮子向外侧后方蹬地，推动左脚向前滑行，身体重心落在左脚上。然后收右腿，右脚在靠近左脚内侧处着地，同时把重心移到右脚，再用左脚内侧轮子蹬地，推动右脚向前滑行，两脚轮换做上述动作。在前滑中，身体重心随着两脚交替向左右移动，在滑行时，如感到两脚疲劳，可将两脚同时放在地上滑行，掌握了直线滑行基本动作后，就可以练习转弯动作了。

前滑的转弯是在上述动作基础上进行的，一般采用向前压步的方法。在前滑中，如果向左转弯，要先使身体重心落在左脚上，身体略向左方前倾，右脚向右侧后方蹬地后，收腿提到左脚的左前方，左脚再向右脚的右后方蹬地，推动右脚向左滑行，收腿提到左脚的左前方，左脚再向右脚的右后方蹬地，推动右脚向左滑行，重心随即移到右脚上，上体略向左转，如果向右转弯，动作、方向正好相反。

练习转弯时，两手伸出，两臂自然摆动，以保持身体平衡；两脚沿弧线向左前方或右前方滑行，身体不能过分倾斜，以免重心不稳而滑倒。初学者的步子不宜过大。先练弧度大的转弯，待掌握了动作要领后，再做弧度小的转弯练习，逐渐加大身体的倾斜度。

3. 后滑

初学后滑，可先练习两脚平行的后滑（也叫倒滑葫芦）。

两脚平行站立，两膝微屈，两臂侧伸，身体重心在两脚的前脚掌上，目视前方。两脚后轮稍用力向两边撇开，两脚之间的距离滑至比肩宽时两脚后轮将靠拢到一起时，两脚再同时向外撇开，这样双腿连续不断地向外撇开和向里夹拢，身体重心也随着向后移动，这样就能向后移动了。

学会了两脚平行后滑，就可以试着将两脚前后分开重复上述动作，身体重心仍放在两脚的前脚掌上，这样能提高后滑的平衡能力。

学会了向后滑行就可以再练习向后转弯动作，向后转弯动作是在向后压步中进行的。首先，两脚前后分开后滑，左脚在前，右脚在后，身体重心在左脚上。用右脚四轮在左脚方向左蹬，左膝弯曲，左脚移至右脚前，形成两脚交叉，身体重心移向左脚，上体略向右倾斜，右脚再移至左脚的右后方，重复上述动作，身体就向右后方转弯了。如要向左后方转弯，则两腿动作的方向相反。

向后滑行是在基本掌握了向前滑的基础进行的，初学者一般都是先从学习"向后葫芦滑行"，再学"向后蛇形滑行"，然后过渡到"单脚向后滑行"。

4. 横滑

横滑是轮滑花样滑的基础，要求两脚呈外八字形，脚尖向外，脚跟相对。

利用两脚向前后蹬地，推动身体侧向滑行。横滑时，上体略向前倾，两臂向左右自然伸开，靠大腿肌肉用力，使两膝关节脚尖向左右张开。以后右侧滑行为例，两脚平行前滑，在右脚向前滑行的同时，左脚以前轮为圆心，左脚跟前移，与右脚但相对，同时身体左转，向右滑行。

左脚后轮向后蹬地，推动右脚滑行，左脚跟迅速跟紧右脚跟，这样连续做，使身体不断向侧前进。

横滑产生惯性后，两腿保持横滑姿势不动，两膝稍伸直，腰部挺起，两臂向两侧自然伸出，可以成直线向左或向右滑行；向右横滑时，右脚尖的方向决定着滑行的方向，右脚尖向侧，就成直线滑行；右脚尖向左继而向右，就成"S"形滑行；向左滑行时则动作相反。

在熟练了上述动作后，要加快横滑的速度，可使两脚再身体前后平移，就是左脚向后蹬，右脚平移到体前，身体重心移到右脚，右脚向后蹬，左脚平移到体前，身体重心移到左脚上。这样两脚交替蹬地，就能加快横滑速度。

5. 停止

（1）"犁式"停止法。

两脚平行分开站立，随后脚尖内转，两脚以内侧轮柔和地压紧地面，两腿弯曲，上体稍前倾，臀部下蹲，两臂前伸维持身体平衡，就会逐渐减速至停止。

（2）"T"形停止法。

单脚向前滑行开始，浮足在滑行脚的后跟处成"T"形放好后，将浮足慢慢放在地面上以内侧轮压紧地面，减缓向前滑行速度，直到停下来为止。

（3）双脚急停。

在向前滑行时，两脚同时做顺时针（或逆时针）方向急转，左脚以内侧轮，右脚以外侧轮与滑行方向成90度压紧地面，同时身体向右急转，重心移到右腿上，两膝弯曲，两臂前侧伸，即可使身体停止下来。

（4）向后滑行停止方法。

由于花样轮滑鞋的前端装有制动器，所以在向后滑行的过程中，只要抬起两脚脚跟，用两脚的制动器摩擦地面，就可立即停止下来。停止时，身体稍前倾，两臂侧举维持平衡。

第七章

当代艺术院校大学生体质综合评价

第一节　身体形态的测量与评价

人的身体形态是指人体的概观性特征，包括人体器官的外形结构、体格、体型和姿态。身体形态测定包括观察与计量两个过程，前者包括对身体姿势的测量，后者包括对身高、体重和胸围等指标的测量。通过对人身体形态上的测量，不仅可以在研究人体生长发育规律过程中提供重要数据，也可以为分析人体发育形态和评价人体发育水平提供重要的依据，同时为运动员选材工作提供数据依据。❶

一、身高

身高是指人体在站立时从头顶正中线上最高点到水平地面的最大垂直距离。身高可以反映人体骨骼发育状况，同时也是反映人体纵向生长水平的重要指标。身高计测试的精度为0.1厘米。

测试身高时，被试者赤脚、呈立正姿势站在身高计的底板上（躯干挺直，上手臂自然下垂，并拢脚跟，脚尖左右分开大约60度），脚跟、骶骨部及两臂颊骨夹缝与身高计的立柱紧贴，头部确保正直，两眼平视前方，耳屏上缘与眼眶下缘最低点保持水平。记录时以厘米为单位，保留小数点后1位。测量误差控制在0.5厘米。

人体的身高受重力的影响，一天内的变动约在1.5厘米。清晨起床时身高为最高，夜晚为最低。因此，身高的测量时间应控制在上午10点左右。人在一生中30岁时身高最高；在40岁以后，身高会降低0.5厘米左右；60岁后身高降低2厘米左右；70岁身高降低3厘米左右。

❶ 陈莹. 我国西部地区体育传统项目学校体育工作的现状与对策研究[D]. 首都体育学院,2011.

二、体重

体重可以反映人体横向发育。同时也可以反映人体骨骼、肌肉、脂肪及内脏器官重量等综合情况。测试体重时，被试者站在体重秤中央，待稳定后即可读取数据。记录时单位为千克，保留小数点后1位。

三、胸围和呼吸差

胸围是人体宽度最具有代表性的测量指标。它可反映胸廓的大小和胸、背部肌肉的发育情况。测量时，被试者应保持直立，自然呼吸。测试者将皮尺绕被试者胸廓围绕一周，皮尺的上缘位于背部肩胛下角的下缘，皮尺下缘位于胸部乳头上。已发育的成熟女性，皮尺位置于第四肋骨与胸骨连接处，皮尺应呈水平状态。在呼气后和呼吸尚未开始前读数，记录时以厘米为单位，精确到小数点后一位，测量误差在1厘米以内。

呼吸差是深吸前胸围与深吸气后胸围的差，它可以反映人体呼吸系统技能。测量时，被测者做最大的吸气，并在深吸气后记录胸围；接着作深呼气，并在深呼气后记录胸围值。在测量过程中，皮尺要贴紧皮肤，皮尺的松紧随深呼气和深呼气时进行及时调整，并保持住皮尺的精确位置。被试者在测量过程中不可以耸肩或弯腰。一般人呼吸差为6~8厘米，常锻炼者可达8~10厘米，竞技运动员可达12厘米以上。游泳和长跑两项运动对呼吸差影响较大。

四、体脂率

体脂率是指人体内脂肪体重占体重的比例，又称体脂百分数。体脂率代表着人体内脂肪含量的多少。正常成年人的体脂率分别是：男15%~18%；女25%~28%。人体体脂率应保持正常范围，若男性体脂率超过20%，女性超过30%则视为肥胖。因运动不足、营养过剩或有某种内分泌系统的疾病导致的体脂率过高或肥胖，常会并发高血压、高血脂、动脉硬化、冠心病、糖尿病；若体脂率过低，达到体脂含量的安全下限（即男性低于5%，女性低于13%），则可能引发功能失调。

体脂率的测量一般采用皮厚度测量法，皮厚度测量法是利用皮下脂肪厚度做间接推算体脂率的一种方法。它不需要复杂的测量设备和测量要求，因此简便易行，并且适应大部分的群体测量。皮厚度测量法是用皮厚度计对身体两个点进行皮厚度测量，一个点是背部右肩胛骨下角；另一个点是在右上臂肩峰点至尺骨鹰嘴连线的中点，即三头肌腹处。测量时用一只手拇指和食指将该部位，另一只手把皮厚度测量计置于紧靠拇指和食指的上测定，在皮厚度上读得该两点的皮厚度，将两点的皮厚度相加作为X，其次将被测者的年龄性别分别代入下列公式，计算出身体密度。

如表7-1所示，为推算身体密度（D）的回归方程：

表7-1　推算身体密度回归方程

男子	女子
$D=1.0913-0.0016X$	$D=1.0897-0.00133X$

将求得的身体密度代入BROZEK公式即可求得体脂百分数。BROZEK公式为：

$$体脂率 = （4.570/身体密度 - 4.142）\times 100$$

然后根据计算出的体脂率推算身体脂肪重量和瘦体重（去脂体重）：

$$脂肪量 = 体重 \times 体脂百分数$$

$$瘦体重 = 体重 - 脂肪量$$

适量的脂肪是人体保持良好的技能状况必须具有的，如表7-2、表7-3所示，分别是各种身体状态下体脂百分数和成年人胖瘦参考标准。

表7-2　不同身体状态下体脂百分数

身体状态	男性	女性
必需脂肪量	0~5	0~8
最少脂肪量	5	15
运动员	5~13	12~22
最佳健康状况	10~25	18~30
最佳体力状态	12~18	16~25
肥胖	>25	>30

表7-3　成年人胖瘦参考标准

肥瘦程度	男性 / 毫米	女性 / 毫米
异常瘦	10（4）	14（8）
瘦	12（5）	21（12）
一般	23（10）	37（20）
肥胖	34（13）	47（25）
过度肥胖	45（18）	59（30）
异常肥胖	60（28）	73（40）

第二节　大学生生理机能标指的测量与评价

生理机能是人体各器官系统的功能状况所表现的生命活动，它代表着人的发育水平和体质状况。

一、呼吸系统的测量——肺活量

与外界进行气体交换是呼吸系统的主要功能，包括呼出二氧化碳和吸入氧气。人体的需氧量取决于个体的生理状态，当运动强度变化时，需氧量相也随之发生改变。一般人体在正常状态下，每分钟需氧量为200～300毫升；当人体处于剧烈运动时，每分钟需氧量可以增加20倍以上。[1]

肺活量是指肺在静态状态下的气量，表现为不受时间限制的肺充气或排气的容量，与呼吸深度有关。肺活量代表着呼吸机能的潜力和人体肺的容积的扩张水平（表7-4）。

肺活量的测试一般使用精度为1毫升的肺活量测试计，翻转式肺活量计精度为20毫升，桶式肺活量计精度为50毫升。测试时，被测者做最大限度深吸气，然后将嘴部对准肺活量计口嘴做深呼气，呼尽为止。测试后取两次测试最大值，记录时单位为毫升。

---

[1] 史展翔. 河南省省级体育传统项目学校现状与发展对策研究［D］. 北京体育大学,2008.

表7-4　肺活量反映表

性别	较差	一般	好	较好	优秀
男大学生（毫升）	2500~2849	2850~3249	3250~3899	3900~4349	4350以上
女大学生（毫升）	1600~1849	1850~2249	2250~2749	2750~3099	3100以上

注意事项：

呼气不宜过猛，以防漏气；不得二次呼气；肺活量计口嘴务必消毒。

二、心血管系统的测量——台阶实验

如表7-5所示，通过台阶实验来反映人体心血管系统技能。

使用台阶（男子测试台阶高30厘米，女子测试台阶高25厘米）、秒表和节拍器（频率为120次每分钟）或台阶测试仪测试。测试时，被测者直立站在台阶后方，按照节拍器给出的提示音做上下台阶运动。当节拍器给出第一声时，一只脚踏上台阶，给出第二声时，另一只脚踏上台阶，双脚要直立站在台阶上，给出第三声时，先踏上台阶的脚下台阶，给出第四声时，另一只脚下台阶。重复动作3分钟后，被测者立刻静坐在椅子上，记录运动后1分到1分半钟、2分到2分半钟、3分到3分半钟的三次心率。如果被测者超过3次无法按照节拍器给出的节奏完成上下台阶或无法坚持完成上下台阶，应马上停止测试，记录运动持续时间，并以同样方法记录三次心率，然后，以下面公式计算台阶指数。

台阶指数=运动持续时间（s）/（3次测量脉搏数之和）×100%

注意事项：

心血管疾病患者，禁止进行此项测试。

表7-5　台阶实验反映表

性别	较差	一般	好	较好	优秀
男大学生	45.0%~48.5%	48.6%~53.5%	53.6%~62.4%	62.5%~70.8%	70.9%以上
女大学生	44.6%~48.5%	48.6%~53.2%	53.3%~62.4%	62.5%~70.2%	70.3%以上

第三节　大学生身体素质指标测量与评估

一、握力

如表7-6所示，握力可反映人体前臂和手掌肌肉力量。

握力的测量一般使用握力计进行测试。测试时，被测者身体直立，两脚自然分开（与肩同宽），两臂自然下垂，将握力计调至合适握距，然后用有力手持握力计。测试开始时，尽全力握紧上下握柄。取两次测试的最高值，记录时以千克为单位，保留至小数点后一位。

表7-6　握力反映表

性别	较差	一般	好	较好	优秀
男大学生（千克）	31 ~ 36	36.1 ~ 41	41.1 ~ 48.5	48.6 ~ 53.9	54以上
女大学生（千克）	17 ~ 19.9	20 ~ 24.9	25 ~ 29.9	30 ~ 33.9	34以上

注意事项：

发力时，不得摆臂、下蹲或将握力计与身体接触；如果受试者无法辨别有力手，则双手各测两次。

二、1分钟仰卧起坐

如表7-7所示，仰卧起坐可反映人体腰腹部肌肉的力量及肌肉耐力。

使用垫子与秒表进行测试。测试时，被测者仰卧于垫子上，双腿分开与髋关节同宽，屈膝90度。测试者给出"开始"口令并开始计时；被测者快速起坐，双肘过膝，记录1分钟完成次数。

表7-7　仰卧起坐反映表

性别	较差	一般	好	较好	优秀
女大学生（次/分钟）	3 ~ 7	8 ~ 16	17 ~ 28	29 ~ 35	36以上

注意事项：

测试时，如果受试者借用肘部撑垫的力量完成起坐及双肘未触及或超过膝盖，则不计数；计数人员需随时向受试者提示符合标准的起坐次数。

三、俯卧撑

如表7-8所示，俯卧撑可反映人体上肢、胸部肌肉力量及肌肉耐力。

使用垫子测试。被测者双手撑地，双手间距与肩同宽，手指向前，身体要直，屈臂使身体平直下降，直至与肘处于同一水平面，然后将身体平直撑起，恢复至初始状态为完成1次。记录被测者最多可完成的次数。

表7-8 俯卧撑反映表

性别	较差	一般	好	较好	优秀
男大学生（次）	4~11	12~19	20~29	30~39	40以上

注意事项：

测试时，如果身体未保持平直或身体未降至肩与肘处于同一水平面，则不能计数。

四、纵跳

如表7-9所示，纵跳可反映人体下肢肌肉力量和爆发力。

纵跳测试一般通过记录人体腾空时间推算纵跳高度，被试者站在纵跳仪踏板上，垂直向上全力跳起。取两次测试最高值，记录单位为厘米，保留小数点后一位。

表7-9 纵跳反映表

性别	较差	一般	好	较好	优秀
男大学生（厘米）	30.0~35.9	36.0~43.9	44.0~53.8	53.9~61.0	61.1以上
女大学生（厘米）	19.1~22.4	22.5~27.9	28.0~36.3	36.4~42.8	42.9以上

注意事项：

起跳时，双脚不能移动或有垫步动作；落地时，禁止有意收腹屈膝。

五、坐立体前屈

如表7-10所示，坐立体前屈可反映人体柔韧性。

使用坐立体前屈测试仪测试。测试时，被试者坐在垫上，脚跟合拢，伸直双脚，双腿，脚尖自然分开，全脚掌蹬在测试仪平板上；双手掌心向下，双臂重叠平伸，身体向前屈，用双手中指指尖推动游标平滑前移，推至不能移动为止。取两次测量的最高值，记录单位为厘米，保留小数点后一位。

表7-10　坐立体前屈反映表

性别	较差	一般	好	较好	优秀
男大学生（厘米）	0~4.4	4.5~9.9	10.0~17.3	17.4~22.7	22.8以上
女大学生（厘米）	0~3.7	3.8~8.69	9.0~16.1	16.2~20.9	21以上

注意事项：

测试前，被试者需做准备活动，以防肌肉拉伤；测试时，膝关节不得屈曲，不得有突然前振的动作；记录时，正确填写正负号。

六、选择反应时

如表7-11所示，选择反应时可反映人体神经与肌肉系统的协调性。

一般使用反应时测试仪测试。测试时，被测者以单手中指按住"启动健"，等待信号发出，当任意信号见给出信号时，以最快速度去按该健；信号停止后，中指再次按住"启动健"，等待下一个信号给出，共有五次信号。受试者完成五次信号应答后，所有信号健都会同时发出发出光和声，即表示测试结束。取两次测试的最好成绩，记录以秒为单位，保留小数点后两位。

表7-11　选择反应时反映表

性别	较差	一般	好	较好	优秀
男大学生（秒）	0.69 ~ 0.61	0.60 ~ 0.50	0.49 ~ 0.39	0.43 ~ 0.39	0.39以上
女大学生（秒）	0.79 ~ 0.66	0.65 ~ 0.53	0.52 ~ 0.46	0.45 ~ 0.40	0.40以上

注意事项：

测试时，被测者敲击信号健不得用力过猛。

七、闭眼单脚站立

如表7-12所示，闭眼单脚站立可反映人体平衡能力。

使用秒表进行测试。测试时，被试者闭眼，自然站立，当听到"开始"口令后，抬起任意一只脚，同时测试员开始计时。当受试者支撑脚移动或抬起脚着地时，测试员停表。取两次测试最好成绩，记录时以秒为单位，保留小数点后一位，小数点后第二位数按"非零进一"的原则计数，如10.11秒记录为10.2秒。

表7-12　闭眼单脚站立反映表

性别	较差	一般	好	较好	优秀
男大学生（秒）	3 ~ 5	6 ~ 17	18 ~ 41	42 ~ 98	98以上
女大学生（秒）	3 ~ 5	6 ~ 15	16 ~ 36	34 ~ 90	90以上

注意事项：

测试时，注意保护被试者安全。

第八章

当代艺术院校大学生健康评价

第一节　健康的基本概念

20世纪30年代，美国健康教育专家鲍尔（Bauer.WW）和霍尔（Hull.H.G）指出："健康是人们在身体、心情和精神方面都自觉良好，活力充沛的一种状态。"1948年，世界卫生组织（World Health Organization，WHO）在宪章中明确指出："健康不仅是免于疾病和虚弱，而且是保持身体上，精神上和社会适应方面的完美状态。"这一概念明确、概括地指出人在生命活动过程中对生理、心理、社会活动等方面的要求。❶

由此可见，健康不仅是生物概念，同时又是心理概念和社会概念。2000年，世界卫生组织根据健康的新含义，提出了健康所包括的10条标准。

第一条：能从容不迫地应付日常生活和工作压力而无紧张感，并拥有充沛的精力。

第二条：生活乐观，态度积极，乐于承担责任，事无巨细，不挑剔。

第三条：善于休息，睡眠良好。

第四条：应变能力强，能适应外界环境的各种变化。

第五条：能抵抗一般性的感冒和传染病。

第六条：体重适当，身体匀称，站立时头、肩、臀的位置协调。

第七条：反应敏锐，眼睛明亮，眼睑不发炎。

第八条：头发有光泽、无头屑。

第九条：牙齿干净、无空洞、无痛感、无出血现象，齿龈颜色正常。

第十条：肌肉和皮肤富有弹性，行走轻松自如。

以上标准前四项是心理和社会适应能力，后六项是生理要求。根据以上定义，人的健康标准基本可概括为三方面：身体健康、心理健康和社会适应良好。一个人只有同时具备了这三个条件，才算是完全健康的。

---

❶ 崔芬芬. 长春市体育传统项目学校管理教育现状及其对策研究 [D]. 东北师范大学,2006.

一、身体健康

指人在生物学方面的健康，即机体完整和功能完善。同时，还应当掌握常见健康障碍和疾病的预防和疾病治疗的基本常识，并可以采取合理的预防、治疗和康复措施。

二、心理健康

指人的内心世界丰富充实，处事态度和谐安宁，与周围环境保持协调。心理健康包括两层含义：第一层含义是自我人格完善，心理平衡，有不错的自控能力，有自知之明，可以正确认识自己，能及时发现并克服自己的缺不足之处；其二是有正确的人生目标，不断追求和进取，对未来充满信心。

三、社会适应良好

指一个人的外显行为和内在行为都能适应复杂的社会环境变化，能为他人所理解，为社会所接受，行为符合社会身份，能保持正常的人际关系。

首先，适应是有限度的。刺激因素是客观存在，人们对其反应不一。人类的适应不仅是满足人的物质需要，也是在追求丰富多彩的生活，是从各种冒险活动中获得满足。如果自己制定的目标太高，而不顾自己的生理条件，超过了适应范围，就会向不健康的方向发展。

其次，适应不是被动的过程。在我们选择某种行为和生活方式时，我们就面临了很多刺激，同时也选择了适当的适应方法。因而，关键的问题是正确地做出选择。

最后，我们应该明白健康是可以维护的，不能放弃自己的责任。不能总是抱怨外界环境因素，而不审视一下自己的行为；不能认为医学发展可以治疗疾病而放弃了自己保持健康、预防疾病的责任；更不能因为患了不治之症而自暴自弃。我们应该保持积极阳光，抱着对自己负责的态度，时刻留意自己的健康，抵制各种不良诱惑，面对来自方方面面的刺激因素，在个人的潜力和能力的限度下，保持良好的适应状态，这就是健康。

第二节　影响健康的客观因素

据科学家的推算，人类的极限寿命大约在110岁，在我国古代就有"尽享天年，度百岁乃去"的说法。虽然人类现今的寿命较远古时代长，但是达到人类正常的寿命，乃是一个较棘手的问题。在英年早逝者中，除去意外事故，更多的是因为平时不注意医疗保健而死于心脑血管、癌症等疾病。这种现象在知识分子中比较常见。那么，影响人的健康与长寿的关键因素是什么呢？据世界卫生组织1989年公布的资料显示：每个人的健康与长寿，60%取决于自身状况，15%取决于遗传，10%取决于社会因素，8%取决于医疗条件，7%取决于生活环境和地理气候条件。对取决于人们自身的因素来说，影响人的健康与长寿的关键是每个人的生活方式和行为习惯，比如每日饮食是否健康，是否进行体育锻炼，情绪是否良好与稳定？而体育锻炼又是这里极为重要的因素。❶

一、认识水平

"意识主导理念，理念主导行为"，有宏观与正确的意识，才能指导正确而有意义的行为。

二、生活方式

身体健康的人，常得益于良好的生活方式：不吸烟，节制饮酒，按时吃早餐，注意饮食营养，维持体重，保证高质睡眠，坚持可接受范围的体育锻炼。美国疾病控制中心调查了心脏病、癌症、中风、车祸及其他意外事件、流感、肺炎、糖尿病、肝病、自杀、他杀等10种最常见的致死原因，发现不良的生活方式是造成死亡的最主要因素。除此之外，还应该注意身体的需要，及时注意身体传

---

❶ 沈寅豪. 上海市市级体育传统项目学校现状与发展对策研究［D］上海体育学院,2011.

递给自己的各种信息，并给出反应，即具有自我保健的意识和常识，做到定期检查，有情况及时就医。最后，还要保证一定量的社交活动。生活于社会之中的人不单是一个生物的人，也是一个社会的人，因此，必须承担一定的社会责任，"扮演"好自己的角色，不断提高自己的社会适应能力。

三、遗传

遗传是指子代和亲代之间在形态结构以及生理功能上的相似，是所有生物共有的特征。有的草本植物只有一年的寿命，有的树木却可以存活几百年，说明生物的寿命随物种的不同而有差异。对人类来说，遗传除了波动人的自然寿命，在人的生长过程中，身高、体重、皮下脂肪、血压等多个形态、生理指标都有不同程度的家族性倾向，身高就是明显特征。遗传病是当前医学领域中，严重危害人类健康的疾病之一。

四、环境

1. 自然环境

大自然孕育了人类，人类的生命活动，一刻也离不开自然界。自然环境的变化与人的生命活动息息相关。风雨寒热、二十四节气都会影响人的健康。人类与自然环境之间的最本质的联系是物质财富和能量的交换。其一，人类从自然环境中得到空气、水、食物等生存必需品，组成身体成分或产生能量；其二，机体排泄的各种代谢废物，在自然环境中经过多次变化，可以再形成营养物质。由此可见，人和自然环境是不可分割的一个整体，环境的构成及其状态的异常变化，都会不同程度地影响到人的正常生理活动。人类可以在一定程度上适应环境变化，如人体可以通过调节体温来适应环境中气象条件的变化。但环境异常超过人体适应的范围时，人体可能会发生某些病理性变化。人体的疾病绝大部分是由环境因素引起的，在环境致病因素中，环境污染比重较大。仅以人类肿瘤为例，有人提出，在人类癌瘤因素中，有80%～90%是由环境因素引起的，即环境致癌说。除癌症外，环境污染影响人类健康的例子还很多，如美国洛杉矶的光化学烟雾引起的红眼病；印刷厂工人吸入铅尘或烟雾引起的铅中毒等。

2. 社会环境

人的健康状况都可能会间接地受社会经济发展的状况、社会程序、伦理道德、宗教、风俗、教育等方面构成的社会环境影响。美国弗莱齐尔（Frasier·S·D）曾报告，一切遭受虐待、歧视的儿童、青少年，生长发育缓慢、身材矮小、性发育迟缓，他们并无明显的家族遗传倾向，可能是环境问题对中枢系统形成长期的恶性刺激，导致生长激素释放因子分泌而引起的。只要改变他们所处环境，他们的生长速度会大大加快，甚至最终可达到正常水平。

综上所述，环境对人类健康的影响是多层面的，维护和改善人类生存的自然环境和社会环境，已经成为保证人类健康生存的重中之重。

第三节　健康的测量与评价

随着科学技术的迅速发展和新兴边缘学科的出现，人们对健康的认识更加深入，对健康的要求也随之提高。健康对于提升我们的生活质量，成就我们的事业有着很大的意义。1988年，世界卫生组织总干事马勒博士强调指出：健康并不代表一切，但失去了健康，便失去了一切。这句话阐明了生活、事业与健康的辩证关系。

一、常用化验检查指标

（一）血液一般检查

检查内容包括红细胞、血红蛋白、白细胞及其分类、血小板。

1. 红细胞（RBC）

正常：男性（4.0～5.0）×10^{12}/L，女性（3.5～4.5）×10^{12}/L。

增高：真性红细胞增多症、严重脱水、肺源性心脏病、先天性心脏病、高山地区的、严重烧伤、休克等。

降低：贫血、出血。

2．血红蛋白（Hb）

正常：男性 120 ~ 125g/L，女性 105 ~ 135g/L。

增高与降低：基本与红细胞相同、但变化幅度与红细胞可能不平行。

3．白细胞（WBC）

正常：（4 ~ 10）× 10^9/L。

增高：细菌感染、严重烧伤、类白血病反应、白血病。

降低：白细胞减少症、脾功能亢进、造血功能障碍、放射线、药物、化学毒素等引起的骨髓抑制、疟疾、伤寒、病毒感染、副伤寒等。

4．血小板（BPC）

正常：（100 ~ 300）× 10^{12}/L。

增高：原发性血小板增多症、真性红细胞增多症、慢性白血病、骨髓纤维化、症状性血小板增多症、感染、炎症、恶性肿瘤、缺乏性贫血、外伤手术、出血、脾切除后的脾静脉血栓形成和运动后。

降低：原发性血小板减少性紫癜、播散性红斑狼疮、药物过敏性血小板减少症、弥漫性血管内凝血、血小板破坏增多、血小板生成减少、再生障碍性贫血、骨隋早血机能障碍、药物引起的骨隋抑制、脾功能亢进。

5．血沉（ESR）

正常：男性 0 ~ 15mm/h。

增快：急性炎症、结缔组织病、严重贫血、恶性肿瘤、结核病。

减慢：红细胞增多症、脱水。

生理性改变：女性月经期、妊娠后 3 个月及老人可稍增快。

6．血清甘油三酯

正常：400 ~ 1500mg/L。

增高：动脉粥样硬化、糖尿病肥胖症。

减少：重症肝实质病变、甲亢、艾迪生病等。

7．血糖测定

正常：80 ~ 120mg/dl。

增高：糖尿病、垂体前叶及肾上腺皮质功能亢进、甲状腺功能亢进及颅内疾病，如脑血栓等。

减少：胰岛素细胞瘤、肾上腺皮质功能减退或长期营养不良、严重肝炎等。

（二）大便一般检查

大便常规检查包括大便的气味、颜色、性状、食物残渣以及显微镜检查等。

1. 气味

粪若呈酸臭味同时混有气泡，常见于蛋粉或糖类消化不良。

2. 颜色

正常为黄色至橙黄色。

3. 性状

正常为柱状、质软。

4. 食物残渣

正常肉眼不可见，出现时多见于消化不良症或肠道大部分切除患者。

5. 显微镜检查（细胞）

显微镜下正常偶见微量上皮细胞或白细胞；大量红细胞见于下消化道出血；少量红细胞、大量白细胞或脓球见于细菌性痢疾；大量上皮细胞见于慢性结肠炎。

6. 寄生虫

要查寄生虫卵，如蛔虫、钩虫、鞭虫、姜片虫及日本血吸虫卵，即可做出相应的诊断。

（三）尿液一般检查

尿常规检查包括尿量、颜色、气味、尿蛋白、尿糖等。

1. 尿量

成人24h正常尿量在1000~2000ml，平均为1500ml。

2. 颜色

正常为淡黄色，随饮水及出汗多少，色泽深浅有所不同。

3. 气味

新排出的尿液无特别气味，放置较久后可出现氨臭味。

4. 尿糖

正常：定性阴性；定量 < 10~133mg/24h。

增高：见于肾小球性尿蛋白，如急慢性肾小球炎、肾盂肾炎、肾小管性尿蛋白。如果药物或毒物中毒和某些肾病晚期，尿蛋白反而不增多。蛋白定量的多少，不可以当作疾病类型和严重程度的判断指标，仅供参考。

二、常用生理检查指标

（一）心率

心率是指每分钟心脏搏动的次数。平静时一般成人心率约为60～80次/min。临床上平静时心率超过90次/min称心动过速，60次/min以下称心动过缓。经过有计划的体育锻炼或劳动锻炼的人，平静时心率明显减缓，有些训练水平较高的运动员可达到50次/min。

（二）血压

血压是指血液在血管流动时对动脉血管壁产生的侧压力也称动脉血压。心室收缩时血液大量射入血管主动脉压力急剧上升，这时的压力叫作收缩压；心室舒张时压力降低称为舒张压；收缩压与舒张压之差称脉压差。血压可以反映心肌收缩力量的大小和血管弹性。血压的测量一般取坐位，测量右上肢。测量时受试者右臂自然伸直放在桌面上，使血压计零位与受试者心脏和右臂袖带保持水平。先将袖带捆扎在受试者上臂，肘窝暴露，将听诊器听头放在肱动脉上，开始充气加压让水银柱上升，直到听不到肱动脉搏动声音，再打气升高2.6～4kPa，然后缓慢放气减压，第一次听到脉搏声时的压力代表最高血压（收缩压），继续放气减压直至完全听不到搏动声的数值代表最低血压（舒张压）。我国成年人安静时收缩压大致为13.3～16.0kPa，舒张压为8.0～10.7kPa，脉压为4.0～5.3kPa。世界卫生组织和国际高血压疾病学会（WHO/ISH）1993年做出指示：凡舒张压超过12kPa或收缩压大于18.7kPa，即视为高血压，若两次以上非同一时间测定的血压均超标，则可能患有高血压。❶

---

❶ 王晓楠. 北京市体育传统学校现状的调查研究 [D]. 首都体育学院, 2010.

（三）呼吸

机体处于新陈代谢过程中，需要不断地从当下环境中吸收氧气并呼出二氧化碳，这种机体与环境之间的气体交换叫作呼吸。正常人呼吸频率为16～20次/min，但可随活动、情绪、疾病等因素波动。

（四）肺活量

肺活量是指一个人全力吸气后所呼出的最大气量。肺活量是常用的反映呼吸机能的指标，它和身高、体重、胸围成正相关。大部分情况下，体重和胸围大的人，肺活量也大。测量肺活量时，受试者取站立姿势，然后手把住肺活量计的吹气嘴，做最大吸气后对准肺活量计的吹气嘴全力呼气，直到不能再呼气为止。测试者按指示屏幕或显示器读数。每人可测量三次，每次间隔时间为15s，取最大值记数，精确到10位数，误差不能超过200ml。肺活量反映的是人体的静态气量，与呼吸深度有关。正常成年人肺活量，男性为4000～4500ml，女性为2600～3200ml。

（五）最大吸氧量

最大吸氧量（VO_2max）是指人在运动中每分钟由呼吸系统吸入、并由循环系统运输到肌肉而被有所利用的最大氧量。此为评定人体运动时有氧工作能力的重要指标。优秀的男女耐力项目运动员VO_2max分别可达到6L/min和4L/min，最大值男子可达7.4L/min，女子4.3L/min。

（六）心电图

在每个心动周期中，由窦房结产生的兴奋依此传向心房和心室。这种兴奋的产生和传播时所产生的生物电变化，通过相关组织传到全身，使身体各部位在每一个心动周期中都产生相对规律的生物电变化。用引导电极置于肢体或躯体的一定部位标记好的心点变化的波形，叫作心电图。典型的心电图的组成是由一组波形及各波之间的间期。

（七）连续的心电图监测

连续的心电图监测是用有线或遥感心电接收器，将心电图传送到中心台，通过贮存和全面记录的方式，用计算机进行自动分析。它的目的、方法与动状心电图相似，其优点在于可以随时发现心率时常的发作，缩短处理时间。

（八）脑电图

脑电图是通过脑电图描记将自身微弱的生物电放大成一种曲线图，以帮助诊断疾病的一种当代辅助检查办法。它对被检查者相对安全。

（九）肌电图

肌电图同脑电图一样，是记录人体自身生物活动的曲线图。电极安放有两种方法，一种表面电极，放在皮肤表面；另一种是针电极，插入肌肉内。后者较为常用。

（十）肺功能检测

肺的功能主要是气体交换，即吸入氧气、呼出二氧化碳。用仪器去检查肺的通气与换气能力就是肺功能检测。

（十一）B超检查

B超检查简便易行，无创伤、无痛苦，运用极为广泛。人体每个部位几乎都可使用B超检查，但是骨骼不可以。

（十二）X线检查

X线检查包括透视、摄片、造影三种。

1．透视

透视经济简便，最重要的是能动态观察器官的活动情况。

2．摄片

摄片能弥补透视的不足，其原理同一般摄影相同。

3. 造影

透视和摄片适用于对比度较好的肺和骨骼，但体内许多重要的组织结构互相之间在密度上差别很小，X线无法分辨，造影可以用来加强对比。

（十三）CT（电子计算机辅助断层扫描）

CT主要用于颅脑、脊椎以及肺、纵隔、腹腔及盆腔器官病变的检查。CT本质上仍是X线检查，但比一般X线检查更为准确。

（十四）磁共振成像术

磁共振成像术即核磁共振（MRI）。基本原理是在强大磁场的作用下，展示出组织器官内氢原子的原子核运动，经计算机处理后得到检查部位的图像。MRI对人体没有损伤；MRI可以表示出骨隋的立体图像，不像CT那样层层扫描而有漏掉病变部位的缺点；能诊断心脏病变，CT因扫描速度慢而难以胜任。

三、大学生体质测试健康标准

大学生体质测试健康评分标准见表8-1、表8-2。

表8-1　大学男生评分标准

项目	优秀				良好				及格				不及格	
	成绩	分值	成绩	分值	成绩	分值	成绩	分值	成绩	分值	成绩	分值	成绩	分值
台阶试验	59以上	17	58~54	17	53~50	16	49~46	15	45~43	13	42~40	12	39以下	10
1000米跑	3'39"以下	17	3'40"~3'46"	17	3'47"~4'00"	16	4'01"~4'18"	15	4'19"~4'29"	13	4'30"~5'04"	12	5'05"以上	10
肺活量体重指数	75以上	13	74~70	13	69~64	12	63~57	11	56~54	10	53~44	9	43以下	8
50米跑（s）	6.8以下	26	6.9~7.0	26	7.1~7.3	25	7.4~7.7	23	7.8~8.0	20	8.1~8.4	18	8.5以上	15
立定跳远（cm）	255以上	26	254~250	26	249~239	25	238~227	23	226~220	20	219~195	18	194以下	15
坐位体前屈（cm）	18.1以上	17	18.0~16.0	17	15.9~12.3	16	12.2~8.9	15	8.8~6.7	13	6.6~0.1	12	0.0以下	10
握力体重指数	75以上	17	74~70	17	69~63	16	62~56	15	55~51	13	50~41	12	40以下	10

表8-2 大学女生评分表

项目	优秀				良好				及格				不及格	
	成绩	分值	成绩	分值	成绩	分值	成绩	分值	成绩	分值	成绩	分值	成绩	分值
合阶试验	56以上	20	55~52	17	51~48	16	47~44	15	43~42	13	41~25	12	24以下	10
800米跑	3'37"以下	20	3'38"~3'45"	17	3'46"~4'00"	16	4'01"~4'19"	15	4'20"~4'30"	13	4'31"~5'03"	12	5'04"以上	10
肺活量体重指数	61以下	15	60~57	13	56~51	12	50~46	11	45~42	10	41~32	9	31以下	8
50米跑(s)	8.3以下	30	8.4~8.7	26	8.8~9.1	25	9.2~9.6	23	9.7~9.8	20	9.9~11.0	18	11.1以下	15
立定跳远(cm)	196以上	30	195~187	26	186~178	25	177~166	23	165~161	20	160~139	18	138以下	15
坐位体前屈(cm)	18以上	20	18.0~16.0	17	16.1~13.0	16	12.9~9.0	15	8.9~7.8	13	7.7~3.0	12	2.9以下	10
仰卧起坐(次/m)	44以上	20	43~41	17	40~35	16	34~28	15	28~24	13	23~20	12	19以下	10
握力体重指数	57以上	20	56~52	17	51~46	16	45~40	15	39~36	13	35~29	12	28以下	10

第九章

当代艺术院校大学生个性评价

第一节　大学生心理健康及心理健康的标准

人类社会的发展促进了人们对自身认识的进步，也促使人们更加重视自己的身心健康。

健康不只是指身体健康，而且还包括心理健康。这一观点是人们在长期实践活动中总结出来的对人类健康的新认识。心理健康是研究怎样维护和增强心理素质，提高我们的社会适应能力，预防和消除心理疾病，使心理处于最佳状态的一个学科领域。它最重要的目的在于预防和矫正各种心理问题及其他异常行为，保持和促进个人与社会的心理健康。对于心理健康的标准，世界各国的学者都提出了不同的看法，至今还没有一个公认的标准。这是由于心理健康标准不像身体健康标准那样明确、客观，容易掌握。国内外心理学家根据自己对心理的见解和对不同行为表现的观察，提出了不同的心理健康标准。❶

一、世界卫生组织（WHO）提出的心理健康标准

（1）具有健康心理的人，人格四完整的，自我感觉是良好的，情绪是稳定的，且积极情绪多于消极情绪；有较好的自我控制能力，能保持心理平衡；自尊、自爱、自信，而且有自知之明。

（2）一个人在自己所处的环境中，有充分的安全感，且能保持正常的人际关系，能受到别人的欢迎和信任。

（3）心理健康的人，对未来有明确的预期和打算，有理想和事业上的追求，并能脚踏实地地、不断地进取。

---

❶ 杨磊. 北京市体育传统项目学校现状分析与发展对策研究［D］.江西师范大学,2007.

二、世界精神卫生学会提出的心理健康标准

（1）身体、智力、情绪十分协调。

（2）适应环境，在人际关系中彼此谦让。

（3）有幸福感。

（4）在工作和职业活动中能充分发挥自己的能力，生活相对高效。

三、我国的心理健康标准

（1）对自己有正确的认识和合理的评价。

（2）正视现实并对现实环境有正常的适应能力。

（3）建立和谐的人际关系。

（4）热爱生活，献身事业。

（5）保持健全的人格。

（6）能协调情绪，保持良好的心境。

四、青年人心理成熟的十条标准

国内有调查显示：1/3的中国城市青年希望成为名人或做出成绩，但他们的劳动积极性、参与感、挫折承受力等一系列与成功密切相关的心理和精神素质水平都达不到相应水平，心理的成熟度和适应力不能跟上生理的发育。谈到青春期心理成熟程度，美国心理学家赫威斯特列举了10项发展任务，对于青年人来说，可以视为自我心理成熟的参考，也可作为教育与行为目标。

（1）能在日常生活中与同龄人建立和谐的人际关系。这种关系包括同性和异性两种关系在内。

（2）在行为上能够扮演适当的性别角色。

（3）正视自己的身体和容貌。不去炫耀某些优点，也不过分掩饰自己的缺点，发挥最大潜能。

（4）情绪表达做到成熟独立。凡事不再依赖父母或别人的支持与保护。

（5）有经济独立的信心。

（6）能够选择适合自己能力和兴趣的职业，而且为此努力，为从事该种职业而准备。

（7）认真考虑、选择人生伴侣，并开始准备成家过独立的家庭生活。

（8）在知识、观念等各方面，都能达到身为一个公民所需要的水准。

（9）乐于参与社会活动，也能在社会活动中对自己的行为负责任。

（10）在个人的行为导向上，拥有自己的价值道德标准。

第二节　心理健康自我检测

不健康的心理不但有害身体健康，而且严重影响日常行为活动和工作效率。对心理健康度的检测可以更好地了解自己。下面介绍一种简易的心理健康测量表，以便根据测量表的内容和结果，测评自己的自我控制能力，评定情绪和焦虑水平以及焦虑状态等，可以让自己对自身心理健康水平有一个更全面的了解。

以下检测内容，每问有4种答案。阅读每个问题后，选择与自己实际情况相近的答案并做出记号。

（1）到新环境你感到紧张恐惧吗？

A 不　　　B 有点紧张　　C 比较紧张　　D 很紧张，甚至有恐惧感

（2）你通常想一些与"死"有关的问题吗？

A 不　　　B 很少想　　　C 比较想　　　D 经常想

（3）你寄出信后怀疑自己写错姓名吗？

A 不对　　B 有点对　　　C 比较对　　　D 很对

（4）你与朋友或同事发生摩擦之后会？

A 感到不应该，并很快忘记

B 有点不快，但仍能与其交往

C 牢记心中，难以忘掉

D 感到苦恼，甚至怀疑被人冷落

（5）你在别人观看或监督下，自己熟练的工作会出现失误吗？

A 不会　　　B 一点　　　　C 较明显　　　D 很明显

（6）在黑暗中你害怕吗？

A 不　　　　B 有点　　　　C 比较害怕　　D 非常害怕

（7）你的注意力容易集中吗？

A 容易　　　B 不太容易　　C 较容易　　　D 很容易

（8）你是否愿意一个人待着？

A 不愿意　　B 不太愿意　　C 较愿意　　　D 很愿意

（9）你遇事总是优柔寡断吗？

A 极少　　　B 有点　　　　C 较多　　　　D 经常

（10）你对自己的要求算苛刻么？

A 能正确对待　　　　　　B 不太苛刻

C 较苛刻　　　　　　　　D 很苛刻

（11）你相信命运吗？

A 不相信　B 很少相信　　C 较相信　　　D 很相信

（12）你愿意参加集体和社会活动吗？

A 很愿意　B 较愿意　　　C 不愿意　　　D 讨厌或者害怕参加

（13）你的虚荣心是否强烈？

A 不强烈　B 不大强烈　　C 较强烈　　　D 很强烈

（14）你迷信专家或权威吗？

A 不　　　　B 不太迷信　　C 较迷信　　　D 很迷信

（15）你愿意与比自己能力差的人交往吗？

A 不愿意　B 有点愿意　　C 较愿意　　　D 很愿意

（16）比赛前是否总心慌或害怕对手？

A 不　　　　B 很少是　　　C 较多是　　　D 总是

（17）你对生活方面的要求能否结合实际？

A 能　　　　B 基本能　　　C 不太能　　　D 脱离实际

（18）你做事总是固执己见吗？

A 不　　　　B 有点　　　　C 比较是　　　D 总是

（19）你是否总怀疑自己的能力？

A 从不怀疑　　B 很少怀疑　　　C 有时怀疑　　　D 经常怀疑

（20）你经常因回想伤心事而暗自伤心吗？

A 不对　　　　B 有点对　　　　C 比较对　　　　D 很对

（21）你嫉妒比自己强的朋友或同事吗？

A 从不　　　　B 有点　　　　　C 较嫉恨　　　　D 非常嫉恨

（22）你经常有一种失落感吗？

A 没有　　　　B 很少有　　　　C 有时有　　　　D 经常有

（23）你时常怀疑有人在背后议论自己吗？

A 从不　　　　B 极少　　　　　C 有时怀疑　　　D 经常怀疑

（24）你会莫名其妙地发脾气吗？

A 从不　　　　B 很少　　　　　C 有时发　　　　D 经常发

（25）你对生活与工作有自信心嘛？

A 很自信　　　B 较自信　　　　C 不太自信　　　D 缺乏自信或常常超过自信

（26）你能很好地调节和把握自身的情绪吗？

A 能　　　　　B 基本能　　　　C 不太能　　　　D 不能

（27）你对很多事情都看不惯吗？

A 不是　　　　B 很少是　　　　C 有时是　　　　D 经常是

（28）生活中你总有一种不安全感吗？

A 没有　　　　B 有，不明显　　C 有，较明显　　D 有，很明显

（29）睡觉时你经常做梦吗？

A 极少有　　　B 有时做　　　　C 较多做　　　　D 经常做

（30）你总靠自吹获得满足或快慰吗？

A 不　　　　　B 有点　　　　　C 较喜欢　　　　D 很喜欢

评定方法：将你所选的 A、B、C、D 四种答案按 3、2、1、0 计分。90 分为满分，再参考评分标准评定。得分在 76～90 分之间为心理非常健康；61～75 分为心理健康；46～60 分为心里比较健康；得分在 31～45 分之间为心理不太健康；16～30 分为心理不健康；得分在 0～15 之间为心理很不健康。评出自己的心理健康状况后，

如果分值在0~45分，建议日常生活中与工作中有针对性地进行调控，有意地建设自己的心理能力，以增进身心健康。❶

第三节　不健康心理产生的原因和自测方法

在人们的日常生活中，导致不健康的心理及心理障碍的原因有很多种。例如繁忙的工作、学习和生活给当代人造成许多的心理压力；精神和物质生活水平的提高使很多人的心理年龄远远地超过生理年龄而产生了心理衰老；复杂的人际关系等，以下介绍几种测试"心理衰老程度""应付心理压力的能力""心理健康与身体健康"的方法，以供参考。

一、心理衰老和心理年龄的自我测定方法

如何才算衰老，到目前为止还没有一个固定标准。国内外很多心理学家通过归纳、综合数种心理现象，得出几种心理衰老的自测方法，这种心理衰老的自我测查法包含以下A、B、C三组，每组均由一系列心理变化或衰老表现的项目构成。要想了解自己心理是否衰老，可根据需要选一组或三组进行综合测试。测试时将某一组内的各项心理变化或衰老表现逐项与自身相对照，看是否符合及符合的程度有多少，并按各组有关"基本无衰老""有点衰老""比较衰老""很衰老"及"极度衰老"的项目规定，来酌定自己心理是否衰老和衰老的程度。

A组

（1）即使戴着眼镜也看不清楚东西。

（2）没有一个年轻的朋友。

（3）不喜欢看报刊"智力园地"之类的内容。

（4）不能一下子说出水的五种不同用途。

（5）与人交流时必须凑近耳边大声讲才行。

---

❶ 马彩珠.内蒙古自治区体育传统项目学校建设现状分析研究［D］.内蒙古师范大学,2010.

（6）不能一下子顺背七位数或倒背五位数。

（7）做事情做不到坚持到底。

（8）看到小说中有关爱情的描写一跳而过。

（9）害怕外出。

（10）在两分钟内不能从100开始连续减7至减到2。

（11）喜欢独自静静地坐着。

（12）不能想象出天上的云块像什么。

（13）常常和别人吵架。

（14）吃任何东西，都感到味道不好。

（15）不想学习新知识和技能。

（16）常常把一张立体图看成平面图。

（17）不喜欢类似下棋等动脑的游戏。

（18）总认为自己比别人高明。

（19）以前的许多兴趣爱好现在都没有了。

（20）记不清今天是几号，也不知道明天是星期几。

（21）钱几乎都花在吃的方面。

（22）老是回顾过去。

（23）自己会无缘无故地生闷气。

（24）不喜欢听纯粹的音乐。

（25）喜欢反复地讲一件事。

（26）看了书、电影、戏剧后，回忆不起它们的内容。

（27）别人的劝告丝毫听不进去。

（28）对未来没有计划和安排。

（29）常常看错东西听错话。

（30）走路离不开拐杖。

以上心理现象，凡在10种以内者为"基本无衰老"；凡有11～15种者，为"有点衰老"；有16～20种者，为"比较衰老"；有21～25种者，为"很衰老"；有26～30种者，为"极度衰老"。

B组

（1）记不清最近发生的事情。

（2）如有急事在身总感到心情焦急。

（3）事事总好以我为主，以关心自己为重。

（4）总好说过去的事情。

（5）对过去的生活总是后悔。

（6）对眼前发生的任何事情都感到无所谓。

（7）愿意自己一个人生活，不想麻烦别人。

（8）很难接受新事物。

（9）对噪音十分烦恼。

（10）不喜欢接触陌生人。

（11）对社会的变化恐惧不安。

（12）很关心自己的健康。

（13）喜欢说自己过去的本领和功劳。

（14）好固执己见。

（15）喜欢做无聊的收藏家。

以上心理现象，凡在3种以内者，为"基本无衰老"；有4~6种者，为"有点衰老"；有7~9种者，为"比较衰老"；有10~12种者，为"很衰老"；有13~15种者，视作"极度衰老"。

C组

（1）经常感到胆怯和害怕。

（2）别人做错事，自己同时感到不安。

（3）稍有冒犯就生气不止。

（4）别人请求帮助时，会有不耐烦的感觉。

（5）经常感到坐立不安，情绪紧张。

（6）脾气暴躁，焦急不安。

（7）看见生人感觉很不自在。

（8）感情容易冲动。

（9）一点都不能宽容别人，甚至对自己的亲友也如此。

（10）曾进过精神病医院。

（11）有时感到生不如死。

（12）常常犹豫难定，下不了决心。

（13）只顾自己不顾他人，一味干某一些事或想某一件事。

（14）没有熟人在身边会感到恐惧不安。

（15）总是愁眉苦脸、忧心忡忡。

（16）在别人家吃饭会感到别扭和不愉快。

（17）紧张时会头脑糊涂。

（18）总希望别人和自己闲聊。

（19）会无缘无故地想念不熟悉的人。

（20）经常会哭泣。

以上心理现象，凡在4种以内者，为"基本无衰老"；有5~8种者，为"有点衰老"；有9~12种者，为"比较衰老"；有13~16种者，为"很衰老"；有17~20种者，为"极度衰老"。

二、应付心理压力的能力测试

通过下面的测试题，可以测试出你应付心理压力能力的大小。

（1）你有一个支持你的家庭吗？如果有的话，请你记10分。

（2）你是否以积极的态度执着追求一种爱好？如果是，记10分。

（3）你是否参加每月1次的社会活动团体？如果是，记10分。

（4）根据你的健康、年龄、骨骼结构的状况，如果你的体重是在"理想"范围内，请记15分。

（5）你有没有做一些所谓的深度放松？至少1周做3次，包括安神、静思、想象、做瑜伽等，如果是，请记15分。

（6）如果你每周锻炼身体，每次在半小时以上为锻炼1次，请记10分。

（7）如果你每天吃一顿营养丰富的饭菜，请记5分。

（8）如果你每周都做你真正热爱的事，请记5分。

（9）你在家中备有专门供你独处和放松的房间吗？如果有，请记10分。

（10）如果你在日常生活中，会合理地支配时间，请记10分。

（11）如果你平均每天抽1盒香烟，请减10分。

（12）你是否依赖饮酒或吃安眠药来帮助入睡？如果你每周有一个晚上这样，请你减5分。

（13）白天，你是否靠喝酒或用镇静药来稳定急躁情绪？如果你每周有1次，请减10分。

（14）你是否经常将办公室的工作带回家中熬夜做？如果是，请减10分。

测试结果评定：理想的得分应该是115分。得分越高，说明你应付压力的能力更强。如果你的得分在50～60分或60分以上，说明你已具有应付一般性压力的能力。得分在50分以下，提示你应该提高自己应付压力的能力。

三、心理健康与身体健康的关系

健康的人最重要的标志，就是有健康的行为方式。那么，怎样才能知道自己的生活方式是否符合健康的要求呢？心理学家编制了一些问题组给人们进行自测。每组问题都是三种回答，你只需根据自己属于哪种情况，从中选择一个，然后统计总分，就可以看出你的生活方式是否符合健康、文明的要求，这对提高工作效率和健康地生存是有益的。❶

健康生活问卷：

（1）如果你早上必须早点起床，你就：

A　调好闹钟；

B　要求别人叫醒；

C　听其自然。

（2）早上醒来后，你是：

A　立即从床上跳下来开始工作；

B　不慌不忙地起床，做一些轻松体操，然后开展工作；

---

❶ 靳婕.陕西省省级体育传统项目学校布局及影响因素的研究[D].西安体育学院,2010.

C 发现时间还早，还可以再睡几分钟，就继续躺在被窝里磨时间。

（3）在通常情况下，你的早餐是：

A 稀饭干粮；

B 牛奶面包；

C 不吃早饭饿一顿。

（4）每天上班，你的习惯是：

A 准时赶到工作地点；

B 或早或晚，前后相差半小时左右；

C 灵活掌握。

（5）午饭时间你总是：

A 急匆匆，在食堂随便吃一口就算完；

B 慢吞吞，有时还少量喝点酒；

C 从从容容坐下来吃饭，饭后还小憩片刻。

（6）不管工作多忙、事情多烦、责任多重，你和同事也总是尽可能地有说有笑，这种情况：

A 每天都有；

B 有时存在；

C 很少出现。

（7）如果在工作上发生争吵或矛盾时，你对付的办法是：

A 争论不休；

B 反应冷漠；

C 明确表态。

（8）每天下班后，你回家的时间是：

A 不超过20min；

B 在1h之内；

C 在外面泡1h以上。

（9）业余时间你是：

A 会见朋友和参加社交活动；

B 参加体育运动、娱乐活动或看电影、郊游等；

C 从事家务劳动。

（10）对待探亲访友和接待来者，你的态度是：

A 可以增长见识，排除杂念、积极休息；

B 浪费时间，又赔钱；

C 讨厌。

（11）晚上睡觉时间你总是：

A 在同一时间；

B 随性子来；

C 事情做好之后。

（12）如果有假期，你是怎样使用的：

A 集中一次过完；

B 一半安排在夏季，一半在冬季；

C 待有家事时再使用。

（13）运动在您生活中所占的地位：

A 只是喜爱看别人运动；

B 在空气新鲜的地方做做操、打打拳；

C 不喜欢运动，自己也从不运动。

（14）最近两个星期内（即使只有一次），你曾经：

A 到外面游玩过；

B 参加过体力劳动或运动；

C 散步4km以上.

（15）暑假你是这样度过的：

A 消极休息；

B 做点体力劳动；

C 散散步，也加入一些体育活动。

（16）你的自尊心的表现方式是：

A 不惜任何代价要达到目的；

B 深信努力将会结出果实；

C 用各种方式向别人暗示，要他们对你做出正确评价。

请开始计分。第一步对照表9-1，查出每道题的得分。例如，第一道题的三种情况，选择的是第二种情况"要别人叫醒"，那么，根据表中的得分为20分。其他各题依此类推。然后，把每道题的所得分数相加得到总分。根据总分数的多少，就可知道你的生活方式是否符合健康的要求。

表9-1　综合评价表

情况	得分															
	1	2	3	4	5	6	7	8	9	10	11	12	13	14	15	16
A	30	10	20	0	0	30	0	30	10	30	30	20	0	30	0	0
B	20	30	30	30	10	20	0	10	20	0	0	30	30	0	0	30
C	0	0	0	20	30	0	30	0	30	0	0	10	0	30	30	10

评价：

400～480分几乎是最高分。可以肯定地说，这是一个善于生活、工作和休息的人。你不必担心刻板、规律的生活会让你感觉单调，相反，积聚的精力和健康的体魄会使生活过得更加丰富多彩、更有意义和极具创造性。280～400分，能在工作众多的情况下掌握恢复工作能力的艺术，只要根据自己的机体特点更加合理地安排工作和生活，还是有提高效率和创造性的潜力。160～280分，你处在"中游"水平。但是，如果长此下去，可以说比较难健康地工作和生活。但从现在开始注意还不晚！要改变那些有害的不健康习惯和生活方式。请接受忠告，不要把可以防患于未然的事放到明天去做！160分以下，你的状况不佳。如果你已经感到身体不舒服，特别是心血管系统不太正常的话，很可能是那些对你不利的生活方式造成的。在这种状况下，需要彻底改变现在的生活方式，改掉恶习。很多疾病产生的原因是多方面的，但心理因素引发身心疾病已经被大家广泛接受和证实。

著名心理学家哈斯曾将几种身心疾病与性格特征相联系，总结出一些共性，如表9-2所示。

表9-2 性格特征与身心疾病

疾病	性格特征
溃疡	依赖、对人怀有敌意、被压抑、感情受挫折、雄心勃勃、有魄力
偏头痛	只求尽善尽美、死板、好争、嫉妒
心脏病	忙碌、争强好胜、善于把握环境
高血压	好高骛远、愤愤被压抑、听话
哮喘	过分依赖、幼稚、希望被人承认
结肠炎	听话、带有强迫性、抑郁、心情矛盾、吝啬
麻疹	渴望被爱、有罪恶感、自我惩罚

第十章

当代艺术院校大学生体育能力评价

第一节 大学生体育能力的构成因素

体育能力就是指从事体育锻炼所必备的知识、身体素质、技能和方法。体育能力的构成因素主要有三方面：基础因素、一般因素、特殊因素。

一、基础因素

基础因素是构成体育能力的根基，它包括文化基础、心理基础和身体基础。文化基础是一般的社会文化修养和专业修养水平；心理基础是指一般的认识特征、意向特征和个性特征；身体基础是质量好的身体素质和运动能力。

二、一般因素

一般因素由运动能力、创造能力和教育能力所组成，其中运动能力是基础，创造能力是核心，教育能力是纽带。

三、特殊因素

对于学生来说，特殊因素中的主体为智能结构，其精神因素主要是献身精神和责任感，是爱国主义和敬业精神。没有优良的精神因素是很难成为创造性人才的，而这种素质是后天培养的。基本素质不好，则很难历练自己，但是一旦学会了思考，学会了解决问题的方法，掌握到科学方法论，就可改善和提高基本素质，高效率地完成课业任务，先天素质和后天环境对教学能力的形成有着非常大的影响。然而，这两种因素只有在相互作用的条件下才能实现对能力的影响，而这种相互作用的过程也就是人的活动过程。所以教师在教学中应特别留心学生探索能力的锻炼，鼓励探索精神，养成探索习惯；注重发散思维的训练，扩展思维，寻求新的解决问题方法和途径；重视学有特色，使学习活动个性化，使每位学生都有表现和发展自己能力的机会。为此教师要努力地完善自己的教学能力结构因素。

第二节 实现体育能力和习惯培养的途径和方法

一、教学观念

能适应社会主义市场经济发展的要求，更新观念，不断吸收本学科以及相关学科新的研究成果和信息，更新扩充知识范围，而且要树立把创造能力大小作为衡量人才素质和智能结构的重要标准的思想，使教学过程成为不断开发学生创造能力的过程，并加以不断完善和优化。

二、教学原则

在教学中不仅要遵循传授知识技能和发展智能的一般性原则，还应遵循探索性、综合性、个性化教学原则。贯彻探索性原则，要求激发学生探求知识、技能的好奇心，鼓励质疑；贯彻综合性原则，要求教师根据学生已有的知识技能和发展水平，尊重学生的不同的兴趣爱好发展特长，鼓励和培养创造品质，如主动性、观察力、变通性、疑问性、自信心、持久性、想象力、严谨性、勇气等。要求教师联系有关学科的知识和社会生活中遇到的问题进行教学，同时鼓励学生尽量多地阅读有关书籍和资料，充分利用各方面的知识和生活经验，激发培养学生的创造意识和创造能力。

三、教学方法

研究教学方法，加强学生指导，引导学生学会创造性的学习和思考。在教法上注意采用探索性教学方法。创造一个探究的教学气氛，引导学生探索出适合学生本人特点的科学学习方法，把传授知识、技能的过程，变为发展创造的过程。

因此应摆脱传统教学模式的束缚，采用"启发式""发现式""技法训练"等教学方法，废止"注入式""满堂灌"的教学方法。

在教学过程中，不仅要有师生之间的信息交流，更要加强学生之间的信息交流，扩大信息传递渠道，加大信息容量，优化学生智能结构，为创造力的发展打下坚实的基础。思考是智能发展的生长点，是事业成功的基础，在教学中，教师要注意引导学生主动、积极地思考，特别是引导学生从多维度、不同侧面学会思考。当代体育科学发展一个突出特点是与其他领域、其他学科之间的联系越来越密切，出现了许多交叉学科和边缘学科。因此，当代的体育人才不仅需要科学的观点，更需要有科学的思维，在高校体育教学中如何教育学生进行科学的思维是其能力形成的关键。在教学中要结合不同学科的特点，发展学生的思维能力，使他们学会用科学的思维，进行创造性的学习。

第三节　高校大学生体育能力的培养

所谓体育能力就是指从事体育锻炼的知识、身体素质、技能和方法。不了解这些，体育锻炼就无法取得该有的效果，甚至适得其反。体育能力的具体内容包括：基本运动能力、自我锻炼能力、保健能力、体育的组织管理能力及体育活动中的自我控制能力、对一般损伤和运动性疾病紧急处置的能力等。

一、基本运动能力的培养

基本运动能力是指学生在参与和完成某些活动中必须具备的身体素质、心理条件和该项活动的基本要领，它是人们从事体育活动的基础，也是培养体育能力的基本条件。体育运动的项目很多，而且有很多特点，由于受各种条件的限制，体育教师不可能把所有的运动项目都教给学生。因此，在体育教学中应该让学生较系统地了解更多高效的锻炼方法。在教学中要引导学生积极参加体育活动，在教学内容安排上，要突出重点，使学生重点掌握对发展耐力素质和力量素质有帮助的方法，提高肺功能和基础体力。只有具备了一定的活动基础，才能进行身体锻炼。

二、自我锻炼能力的培养

自我锻炼能力是指学生能够运用所了解到的科学锻炼身体的理论和方法，并结合环境与自身条件加以应用，独立地进行锻炼的本领。在教学中应该向学生授予并掌握如何根据人体机能反应情况，随时调节运动负荷的知识。适宜的运动负荷是保证体育锻炼对人体产生良好作用的重要条件，是锻炼身体的根本。

适宜的运动间歇是保证锻炼效果的另一个重要条件。锻炼身体的过程即为消耗体力的过程，每一次锻炼身体后的间歇也是恢复体力的过程。要获得体力的"超量恢复"就必须做好每一次锻炼身体之间的间歇。体育锻炼以后的间歇应该是因人而异，因负荷量大小而改变，在实践中要善于控制、调节，不可千篇一律。还必须使学生懂得强健的体魄是长期不间断的锻炼累积起来的，只有有计划地坚持长期的体育锻炼，才能使增强体质得到保证。

三、组织管理能力的培养

受过高等教育的学生，不仅应具备独立进行体育锻炼的能力，还需要一定的组织管理能力。他们作为家庭和社会的成员时，可以充当家庭和社会体育的主要参与者和指导者，同时也可以成为组织者和领导者。因此，对他们进行体育方面的组织管理能力的培养是很有必要的。他们的组织管理能力可以通过体育课、课外体育活动及多样的小型比赛等来培养，使他们学到的理论知识与实践相结合，这样可以提高教学效果和效率，而且丰富了学生的课余生活。同时，对培养人才和开展"全民健身运动"奠定了基础。提高学生体质是体育教学所追求的主要目标和根本任务。体育的基础知识、基本技术、基本技能教学以增强学生体质为最终目的。高校体育教学要从学生的特点出发，为增强体质服务，更重要大是为学生终生的身心健康服务。在培养学生的体育能力过程中，要把基本运动能力、自我锻炼能力、组织管理能力的培养摆在重要的位置。

四、终身体育意识的培养

1．终身体育的意义

目前在我国，一般认为终身体育是指人们在一生中所进行的身体锻炼和所受到的各种体育教育的总和。高校体育不仅要促进学生在校期间的身体发育和体质的增强，同时也要留意学生体育能力和习惯的培养，让终身体育观念融入学生思想中，从而使学生在毕业后能够根据各种各样情况的变化，不间断地独立地从事科学的身体锻炼，成为贯穿人生的主要生活内容。大学阶段是学生生长发育、个性逐渐完善的重要时期，也是能否坚持终身体育的关键时期。这个时期体育活动发展得怎样，将直接影响学生体育价值观的形成、运动技能和锻炼习惯的培养，对学生步入社会后的终身体育有着非常大的影响。为此，在高校体育教学中，应从树立正确的终身体育观念入手，着手培养学生的体育能力和习惯。

2．更新观念，深化体育教育改革

高校体育教学要以终身体育作为指导思想，不但要重视学生在校期间的体育锻炼及效果，还要让学生明白如何进行终身体育锻炼。使学生在走出校门后，可以继续根据实际情况，选择或重新学习体育锻炼的内容，独立自主地从事科学有效的体育锻炼，以满足个体身心健康的需要。这就要求我们将体育教学内容与未来的社会生活结合起来，在继承传统体育教学思想的基础上，建立一个既能培养学生体育素养，又能掌握运动方法；既能增强学生体质，又能培养学生自学、自练能力的教学大纲。

参考文献

［1］王效道. 心理卫生［M］. 杭州:浙江科学技术出版社,1990.

［2］王登峰,张伯源主编. 大学生心理卫生与咨询［M］. 北京大学出版社,1992.

［3］林贵. 少年篮球运动员球感培养中几个理论问题的分析［J］. 体育科学研究,2005(9).

［4］体育学院通用教材编写组. 运动心理学［M］. 北京:人民体育出版社,1989.

［5］中国篮球协会. 篮球裁判员手册［M］. 北京:光明日报出版社,2008.

［6］全国体育学院教材委员会. 举重［M］. 北京:人民出版社,2008.

［7］王小安,张培峰. 现代篮球运动教程［M］. 北京:北京体育大学出版社,2007.

［8］余丽华. 篮球［M］. 北京:北京体育大学出版社,2007.

［9］黄滨,奇那日图,李吉成. 优化高师体育教育科学体系［M］. 长春:吉林科学技术出版社,
    2006.

［10］王岳云. 大学体育教程［M］. 广州:华南理工大学出版社,2006.

［11］毛娟. 论瑜伽教育的健身育人价值［J］. 体育学刊,2005,12(6).

［12］拉兹洛. 多种文化的星球［M］. 戴侃,等,译. 北京:社会科学文献出版社,2004.

［13］蔡俊生,陈荷清,韩林德. 文化论［M］. 北京:人民出版社,2003.

［14］柏忠言,张蕙兰. 瑜伽:气功与冥想［M］. 北京:人民教育出版社,2000.

［15］全国体育院校教材委员会. 篮球运动高级教程［M］. 北京:人民体育出版社,2000.

［16］殷玲玲. 游泳［M］. 桂林:广西师范大学出版社,2000.

［17］张宏成. 篮球［M］. 苏州:苏州大学出版社,1996.

［18］裘长城. 现代篮球实用知识问答［M］. 沈阳:辽宁科学技术出版社,1993.

［19］毗耶娑. 薄伽梵歌［M］. 张保胜,译. 北京:中国社会科学出版社,1989.

［20］黄心川. 印度哲学史［M］. 北京:商务印书馆,1989.

［21］中国篮球协会. 篮球规则［M］. 北京:光明日报出版社,2009.

［22］单清华. 瑜伽文化足迹及现代健身价值研究［J］. 体育与科学,2009,30(5).

［23］林晓海. 瑜伽标准体式分布图解全书［M］. 北京:中国纺织出版社,2009.

［24］朱国政. 篮球［M］. 北京:北京师范大学出版社,2008.

［25］曹金元. 浅析篮球进攻性传接球意识的概念及培养与训练［J］. 现代教育与科研,2008
(89).

［26］黄修荣,黄黎著:国共关系纪实［M］. 人民出版社,2014.

［27］中华人民共和国国务院. 学校体育工作条例［Z］. 1990-03-12.

［28］全国人大. 中国人名共和国体育法［Z］. 1995-08-29.

［29］体育总局,教育部关于下发《体育传统项目学校管理办法》的通知［J］. 教育部政报.
2000(9).

［30］体育总局,教育部关于下印发国家级体育传统项目学校评定办法、标准及评分的通知
［J］. 教育部政报. 2003(6).

［31］赵德勋,黄玉山. 我国体育传统项目学校研究综述［J］. 中国学校体育学. 2007(3).

［32］方吉全. 我国体育传统项目学校近十五年的发展研究［J］. 成都体育学院学报. 2005(4).

［33］李相如. 中国体育传统项目学校发展现状与管理机制研究［J］. 体育科学. 2006(6).

［34］李金龙等. 山西省体育传统项目校现状与发展对策研究［J］. 中国体育科技. 2005(1).

［35］丛振江. 传统校谋求持续发展的策略［J］. 体育科技. 2001(03).

［36］丛振江. 传统校当前存在的问题与对策［J］. 少年体育训练. 2002(01).

［37］赵祝胜. 体育传统项目学校的确立对体育与教育事业的发展起到了积极作用［J］. 中
国学校体育. 2004(2).

［38］叶途. 论体育传统项目学校校园体育文化建设的重要性［J］. 贵州体育科技. 2007(4).

［39］陈莹. 我国西部地区体育传统项目学校体育工作的现状与对策研究［D］. 首都体育学
院,2011.

［40］史展翔. 河南省省级体育传统项目学校现状与发展对策研究［D］. 北京体育大学,2008.

［41］崔芬芬. 长春市体育传统项目学校管理教育现状及其对策研究［D］. 东北师范大学,2006.

［42］沈寅豪. 上海市市级体育传统项目学校现状与发展对策研究［D］. 上海体育学院,2011.

［43］王晓楠. 北京市体育传统学校现状的调查研究［D］. 首都体育学院,2010.

［44］杨磊. 北京市体育传统项目学校现状分析与发展对策研究［D］. 江西师范大学,2007.

［45］马彩珠. 内蒙古自治区体育传统项目学校建设现状分析研究［D］. 内蒙古师范大学,2010.

［46］靳婕. 陕西省省级体育传统项目学校布局及影响因素的研究［D］. 西安体育学院,2010.